这才是营销

只有学会看，才会被看见

【美】赛斯·高汀（Seth Godin）著

中国青年出版社
CHINA YOUTH PRESS
中青文传媒

图书在版编目（CIP）数据

这才是营销：只有学会看，才会被看见 /（美）赛斯·高汀著；李兰杰，陈治宇译.
—北京：中国青年出版社，2020.9
书名原文：This Is Marketing: You Can't Be Seen Until You Learn to See
ISBN 978-7-5153-6112-3
Ⅰ.①这… Ⅱ.①赛… ②李… ③陈… Ⅲ.①市场营销学 Ⅳ.①F713.50
中国版本图书馆CIP数据核字（2020）第125703号

这才是营销：只有学会看，才会被看见

作　　者：[美] 赛斯·高汀
译　　者：李兰杰　陈治宇
策划编辑：于　宇
责任编辑：于　宇
文字编辑：张祎琳
美术编辑：杜雨萃
出　　版：中国青年出版社
发　　行：北京中青文文化传媒有限公司
电　　话：010-65511270/65516873
公司网址：www.cyb.com.cn
购书网址：zqwts.tmall.com
印　　刷：北京博海升彩色印刷有限公司
版　　次：2020年9月第1版
印　　次：2020年9月第1次印刷
开　　本：787 × 1092　1/16
字　　数：210千字
印　　张：18
京权图字：01-2019-1559
书　　号：ISBN 978-7-5153-6112-3
定　　价：79.00元

CONTENTS

目 录

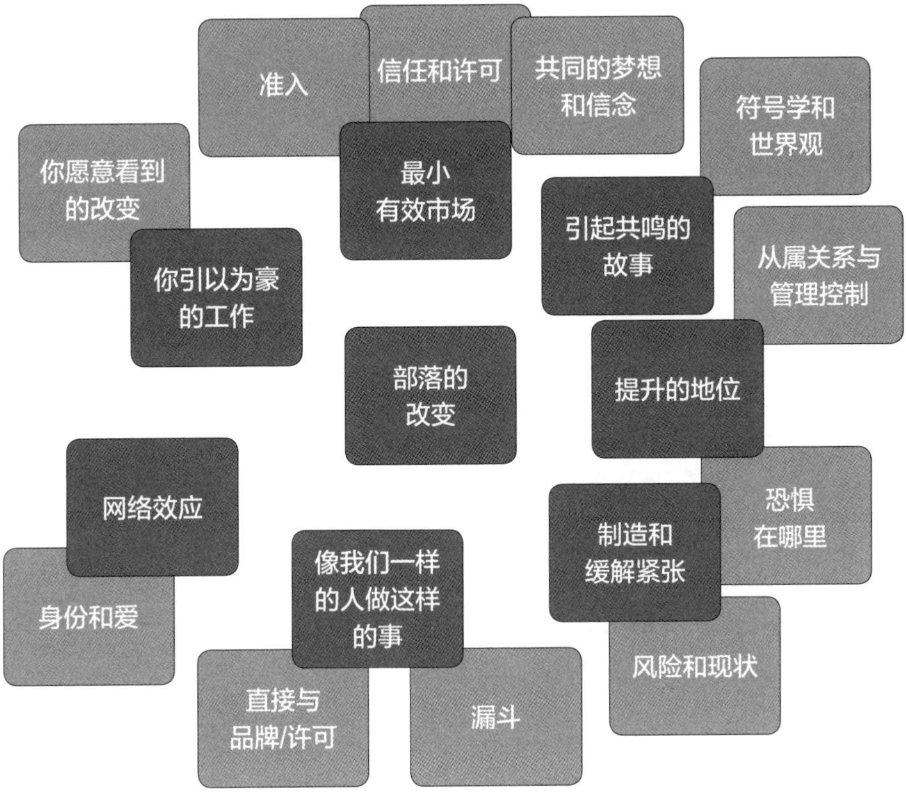
准入
信任和许可
共同的梦想和信念
符号学和世界观
你愿意看到的改变
最小有效市场
引起共鸣的故事
从属关系与管理控制
你引以为豪的工作
部落的改变
提升的地位
网络效应
恐惧在哪里
制造和缓解紧张
身份和爱
像我们一样的人做这样的事
风险和现状
直接与品牌/许可
漏斗

向你展示未来的蓝图

FOREWORD

前言

这才是营销

营销无处不在，从你最早的记忆瞬间，到你翻开此书前的那一刻，你无时无刻不被营销包围着。你读着路边各种品牌的标识学会了识字，你花费时间和金钱去回应营销人员付钱让你看到的那些东西。营销不只是一片湖或者一片森林，而是现代生活中的所有风景。

因为被营销包围了这么长时间，我们认为营销是理所当然的。就像不理解水的鱼一样，我们也看不到身边正在发生的事情，注意不到这些事情是如何改变我们自己的。

是时候对营销做点不同的事了。这样做的目的是为了让世界变得更加美好，为了带来一种你渴望看到的改变，当然也为了让你的事业更加辉煌，但最重要的是为了服务好你所在乎的人们。

几乎每一个有关工作的问题，其答案都归结于这个问题："你可以帮助谁？"

这才是营销

营销寻求"更多"：更多的市场占有率，更多的客户，更多的工作机会。

营销追求“更好”：更好的服务，更好的社会团体，更好的结果。

营销创造文化：地位、从属关系以及像我们一样的人。

最重要的是，营销就是改变。

改变文化，改变你的世界。

营销人员促使改变发生。

我们每一个人都是一名营销人员，我们每一个人都有能力促使改变的发生，这些可以发生的改变比我们想象的多得多。我们引以为豪的营销是我们的机遇，也是我们的义务。

你的向日葵有多高

这好像是大部分人都很关心的问题：品牌有多大，市场占有率有多少，互联网上粉丝有多少？有太多的营销人员把大部分时间都投入到制作天花乱坠的广告宣传中，努力把品牌做得大一点，再大一点。

问题是长得高的向日葵都有深藏和复杂的根部系统，没有这样的根部系统，向日葵永远也不会长太高。

这本书讲的就是这样的根部系统。如何把你的工作深深扎根于人们的梦想、渴望和社会团体生活中，那里的人们都是你需要服务的人。如何把人们变得更好，如何创造出你能引以为豪的工作，如何成为市场的驱动者，而不只是简单地被市场驱动。

我们可以为在乎的人做重要的工作，如果你也像我的大部分读者一样，那么我认为你无法通过其他方式做到这些。

市场不会不请自来

最好的想法不一定立即受到欢迎，即使是冰淇淋圣代和聚光灯，也是过了好几年才被大众接受而流行起来的。

这是因为最好的想法要求进行重大改变，它们冲着改变现状而来，而惰性是一股强大的阻挡力量。

因为有很多杂音和很多的不信任，改变是有风险的。

同时也因为我们经常等着别人先吃螃蟹进行尝试。

你最慷慨无私和最富有洞察力的工作需要帮助找到它要服务的人，而你最成功的工作会得以广泛传播，因为你最初的设计决定了传播是必然结果。

营销不只是卖肥皂

去TED进行演讲，你是在营销。

向老板要求加薪，你是在营销。

为当地体育场建设募款，你是在营销。

是的，想在工作上努力扩大你的部门，你也是在营销。

很长一段时间内，人们都把营销与广告混为一谈，那时的营销都是为有预算的副总们预留的。

现在，你可以自己做营销。

由市场决定

你创造一个了不起的东西，你要养家糊口，你的老板要求增加销售，你在乎的一个非营利组织，你支持的竞选者在民意调查中所得选票很少，你想要老板批准你的项目，很重要的一点都是需要筹钱……

为什么达不到理想的效果呢？如果创造是问题的关键，如果写作、绘画和建筑那么有趣，为什么我们还会在乎自己是不是被发现、被认可、被出版、被广播，又或者是被商业化？

营销是一种促使改变发生的行为，仅仅促使是不够的，非得到你成功地改变了某个人或某件事，不然你都没有造成影响。

改变老板的主意。

改变学校的体系。

改变客户对你商品的需求。

为了实现这些改变，你可以制造紧张然后进行缓解，可以制定文化规范，也可以看到对方的地位角色并帮助其进行改变（或维持）。

但是，你首先得看到它，然后再选择与他人一起工作，帮助他们找到想要的东西。

如何判断你是否有营销问题

你不够忙。

你的想法没有得到广泛传播。

你所处的社会团体不是它应有的样子。

你在乎的人没有实现他们的愿望。

你支持的政客需要更多的选票，你的工作不尽如人意，你的客户灰心沮丧……

如果你看到了可以改变现状的方法，那就说明你有营销问题。

电影的答案

电影制作人和制片人布赖恩·科佩尔曼用到了“电影的答案”这种说法，好像一部电影就是一个问题。

当然，一部电影就是一个问题，一个动员观众（或者制片人，或者演员，或者导演）的问题，目的是获得准入，让他们允许你加入，找机会讲你的故事，然后，更好的是，让你的营销故事造成一定的影响。

就像一部电影就是一个问题一样，你的营销故事也是一个问题。这个故事必须让听众产生共鸣，告诉一些他们一直期待听到的东西，一些他们愿意相信的东西，必须邀请他们开启一段可能发生改变的旅程。然后，如果你已经做到了上述几步，那几扇门均已打开，就该解决问题，履行诺言了。

你有一个营销问题，就可能有一个答案。

但除非你去寻找，否则不会找到答案。

营销是通往“更好”的道路上的一种抱怨

我们经常说，抱怨最好的方式就是让事情变得更好。

如果你无法让更多的人知道，无法把想法与别人分享，无法为你做的工作赢得报酬，那么让事情变得“更好”就会很难。

让事情变得“更好”的第一步就是提供更好的东西。

但是，是否“更好”不只是由你决定的，不可能凭空说什么就是什么“更好”。

当市场接受并欢迎我们提供的东西时，“更好”是我们看到的变化；当文化受作用于我们的工作并有所改善时，“更好”是正在发生的事情；当我们让服务对象的梦想成真时，这就是“更好”。

营销人员通过促使改变的发生让事情变得更好。

把你通往“更好”的道路与别人分享就叫营销。你能做到，我们都能做到。

CHAPTER ONE

第一章

不是大众媒体、电邮广告，更不是厚颜无耻……

有效的市场营销不再是以前以利己为核心的大众路线。如今，有效的市场营销拼的是认同感和服务。

营销已与以往不同，但我们对营销策略的理解并未与时俱进。当心存怀疑时，我们就自私得大喊大叫；当限于一隅时，我们就玩起小把戏，从竞争中偷窃资源，而不是拓宽市场；当感觉被紧逼时，我们以为所有人都像我们一样不知情。

通常情况下，我们只记得自己是在一个大众市场里长大，这样的世界到处都是电视机和各种排行榜前40。作为营销人员，我们还在想方设法重复已经过时的窍门，殊不知这些窍门已经不再适用。

指南针指向信任

大约每隔30万年，地球的南极和北极就要调换位置，这意味着地球的南北磁场会进行快速翻转。

在我们的文化世界也有这种翻转，而且周期更短。

在当今世界，文化每时每刻都在变迁，翻转刚刚发生。指南针上的真北方向，也就是最有效的方法已经发生了翻转。有效的市场营销不再是以前以利己为核心的大众路线，如今，有效的市场营销拼的是认同感和服务。

本书主要是想办法找到解决相关问题的途径，包括如何传播你的理念，如何实现你想造成的影响，以及如何改进文化。

这里没有一个显而易见的路线图，也没有简单明了按部就班的一系列策略。我可以提供给你的是一个指南针，一个真北方向，即最有效的方法。

这种递归方法你用得越多，就越有效果。

本书主要基于一个为期100天的研讨班，这个研讨班不只包括授课，还有针对常见内容点对点的辅导。有成千上万的营销人员参加了这个研讨班，我们把他们聚集在一起，给他们设置挑战，让他们分享各自的经历，挑战彼此，以找出最有效的方法。

在阅读本书时，你随时可以回过头重读已经读过的内容，重新设定一个假设，质疑一个现行的做法，你可以尽情调整、测试、测量和重复。

营销是最伟大的职业之一，是积极进行改变的结果。你能阅读此书开启新的征程，我感到非常激动，希望在这里你能找到你所需的工具。

营销不是战役或战争，更不是比赛

营销就是帮助别人解决问题，这是非常慷慨的举动，因为解决的都是别人的问题。

这也为改进文化创造了机遇。

营销靠的不是大喊大叫，不是推来挤去，更不是强取豪夺。

相反，营销靠的是服务。

互联网是第一个不受营销人员欢迎的大众媒体，因为电视可以插播电视广告，收音机可以插播电台广告。

但是，互联网不是为了插播和受众而建立起来的。互联网是最大的媒体，也是最小的一个。在互联网上，没有受众。你祖父母的公司过去可以投资一分钱就能获得关注，但在互联网上行不通。更明确地说，互联网就像一个巨大的免费操场，在这里，你所有的想法都值得被几乎所有人看到。但事实上，每个人的想法都只是极其微弱的耳语，这里有的是无穷无尽的独白和对话，你这个人或者你的工作如同沧海一粟，微不足道。

广告的魔力是个陷阱，让我们无法找到有用的途径

在很长一段时间内，一个企业如果想进行大规模的变革，最高效的方法就是投资广告。广告曾经非常有效，广告投资曾经很赚钱。广告过去可以为自己买单，不仅如此，广告还曾经很好玩。你可以一次购买很多广告，广而告之可以让你或者你的品牌变得小有名气。而且广告还很可靠，因为花在广告上的钱，以前都可以用销售得来的利润抵消。

眨眼之间，营销人员就决定了他们的工作就是做广告，这本身难道不是一个奇迹吗？在我有生之年的大部分时间，营销的意思就是广告。

然而，这已不再适用。

这意味着你将需要成为一名真正的营销人员。

你需要看到其他人看到的：制造紧张气氛、与同行业的其他团队结盟、创造能够传播的理念。这意味着你需要努力接受以市场为导向，并与你那部分市场一起工作。

如何让更多的人知道（这本身就是个错误的问题）

“我该如何让更多的人知道？”

搜索引擎优化方面的专家会许诺当人们搜索你的时候，他们可以找到你。

脸书网站的顾问会告诉你如何去打扰合适的人。

职业公关人员会答应写很多关于你的文章，让你被提及很多次，为你做简介。

唐·德雷柏（美剧《广告狂人》的主角——译者注）、大卫·奥格威（营销专家）以及很多类似的人都会把你的资金投到广告上。有效的广告很美丽、很性感。

所有这些都是为了让更多的人知道。

但这些都不是营销，或许曾经是，但现在不是了，现在这些都已不再有效了。

我们要找出让你被发现的路径，但那是最后一步，而不是第一步。

营销非常关键，所以必须做好，这意味着要先把另一半做好，才能把营销做好。

厚颜无耻带来的耻辱

一个目光短浅、只追求利益最大化、要诡计骗人的营销人员，很容易走一种不顾尊严的路线。滥发邮件广告，设置欺诈陷阱，进行威逼胁迫。还有其他职业的人会这么做并以此为豪吗？

土木工程师们不会半夜给老年人打电话，向他们推销毫无收藏价值的硬币。会计师们不会未经允许就提取客户的数据，管弦乐队的指挥也不会洋洋得意地在网上发表一些虚假评论。

这种以真相为代价、为了获取注意而不择手段的无耻做法，让很多有良知的、不那么自私的营销人员隐晦了自己优秀的工作，他们对市场驱动的前景感到无比羞愧。

这样是行不通的。

另一种营销方式，也就是有效的营销，是去理解客户的观点和需要，这样我们作为营销人员才能与他们建立联系。这种营销的目标是，离开时，我们会被客户们想念，我们要为相信我们的人带来比他们期望的还要多的东西，我们要找的是志愿者，而不是受害者。

越来越多的人开始从事营销工作，因为他们知道自己可以让事情变得更好。他们已经做好准备要投入到市场中，因为他们知道自己可以为我们的文化贡献一份力量。

他们跟你一样。

锁和钥匙

先造了一把钥匙，然后拿着钥匙到处去找锁开，这样做是很可笑的。

唯一富有成效的解决办法是找到一把锁，然后制造打开这把锁的钥匙。

首先找到客户并为他们生产产品和提供服务，比为你的产品和服务寻找客户要简单得多。

最好的营销从来都不自私

事实上，最好的营销从来都不自私。

营销是一种慷慨行为，帮助他人成为他们想要成为的人。这包括创造一些诚实的故事，这些故事可以引起听众的共鸣，并能够传播开来。营销人员为人们就他们的问题提供解决方案，提供机会让他们前进。

当我们的想法得以传播，我们就改变了文化。我们建立了一些如果缺失人们会想念的东西，一些可以让人们找到意义、联系和可能性的东西。

另一种营销方式，即那种虚假宣传、诓骗欺哄、制造压力的方式，都源于营销人员的自私心理。我知道，这种方式长远来看根本不可行，而且你可以做的绝对比这要好得多，我们都可以。

案例分析：企鹅魔术

骗人的把戏已经过时了。

企鹅魔术是那种为互联网而生的公司。

小时候，你家附近可能就有一个魔法商店。在我生活的那个小镇，现在还有一个这样的商店。商店的光线昏暗，用木质镶板的墙纸装饰着墙壁，店主绝大多数情况下都在柜台后面站着。他过去可能热爱这份工作，但他的生意并不怎么赚钱。

如今，如果你喜欢魔术，你一定知道企鹅魔术。它不是拥有魔术技巧的亚马逊（因为成为什么事物都应有尽有的亚马逊实际上非常困难），事实上，它的做法与亚马逊网站完全不同，但也做得丰富多姿，因为它对于观众想要、知道和相信的东西非常清楚。

首先，该网站上售卖的每一个魔术技巧都用一个视频进行演示。当然，那个视频并不解密魔术过程，所以就营造了一种悬念。如果你想了解该魔术的秘密，就需要付费购买该技巧。

迄今为止，企鹅网站和YouTube视频网站（可以让用户免费上传、观赏、分享视频短片的热门视频共享网站——译者注）的视频播放次数已经超过10亿，这10亿次的观看其实就是没有成本的广告宣传。

其次，该网站的经营者明白，专业魔术师很少购买魔术技巧，因为他们只需要掌握十几种或者二十几种固定的技巧就可以。由于每晚的观众都不同，他们完全可以重复表演同一个魔术。

然而，业余魔术师的观众（主要是朋友和家人）却总是固定的，他就被吸引着不断地更换他的技巧。

每个魔术技巧都被详细回顾观看，不是被那些整天挂在Yelp网站（美国最大的点评网站——译者注）或亚马逊网站的人看，而是被其他魔术师看。魔术师这个群体不好对付，很看重高超技艺，在企鹅魔术网站上有82,000余条产品评论。

因此，企鹅魔术网站上产品更新很快。魔术创作者的产品一出现，他们的竞争者就可以看到，这激励他们造出更好的东西，不像有些产品需要几年才能更新一次。在企鹅网站上，一个想法从形成概念到商品可能只需要一个月的时间。到目前为止，该网站上共有16,000种商品。

企鹅魔术下一步的投资目标，不仅要与已有的社会团体继续保持联系（他们有成千上万个客户的邮件地址），还要在不同社会团体之间建立联系。他们主办了300场讲座，这些讲座成了TED大会的魔术演讲，不仅如此，还在会议现场举办讲演近100次。

魔术师们从彼此身上学到的越多，企鹅魔术网站就越可能做得风生水起。

你不是抽着雪茄的大款

你不为肥皂公司工作，也不是一个过时的工业营销者。

那么，你为什么一举一动都像一个过时的工业营销者呢?

你的群众募资项目马上就到期了，所以，肯定的，你有一个非常好的理由去给每一个你认识的“影响者”发送数封邮件，乞求他们能够点击链接。但是，他们都不理你。

你在一家内容营销公司工作，像有强迫症一样不停查看你的文章点击量，即使文章中你设计的陷阱让你无比尴尬。

你制作图表展示你在照片墙（Instagram，一款在移动端上运行的社交应用，以一种快速、美妙和有趣的方式分享你随时抓拍下的图片——译者注）的粉丝有多少，即使你很清楚其他人都在花钱购买网上粉丝。

你降低商品的价格，因为人们告诉你，你的报价太高，但即使降价了也没有多大用处。

还是老一套——已经工业化的、自私的、同样的老套东西，只不过为了新的时代披上了现代的外衣。

你现在最紧急的事不是找到抢夺我注意力的许可证，你的不安全感不能成为你哄骗逼使我或者我朋友的挡箭牌。

有一种更积极有效的方法，你可以做到。这种方法实施起来不容易，但步骤都很明确，也就没那么难了。

是时候了

是时候从社交媒体这个旋转木马上下来了，因为这个木马虽然跑得越来越快，却哪儿都去不了。

是时候停止欺骗和打扰了。

是时候停止发送电邮广告假装你很受欢迎了。

是时候停止为普通人制造普通产品，还妄想不只可以改变一件商品的价格了。

是时候停止乞求人们成为你的客户了，是时候停止为你的工作收费而感到不好意思了。

是时候停止寻求捷径，开始走一条长远的、可行奏效的道路了。

CHAPTER TWO

第二章

要学着去看到

如果你能帮助人们变成他们想要成为的更好的自己，你就是一名真正的现代营销人员。

1983年，我非常年轻，是大三角帆公司少不经事的品牌经理，大三角帆是我从商学院毕业后加入的一个新兴软件公司。没过多久，我突然有了数百万美元的预算，被人邀请与广告代理商一起共进高档午餐，为的是把我们了不起的团队开发的软件尽快推广出去。

我把所有用于广告的经费全部都花出去了，广告没有起什么作用，因为没有人注意到它们。不过，不管怎样，那些软件倒也卖出去了。

这些年来，我开发过许许多多的项目，向公司和个人售卖过各种物品和服务。我与游击营销的创始人杰伊·莱文森、直接邮寄营销的教父莱斯特·伟门和讲故事的元老级人物伯纳黛特·吉瓦都一起工作过，借助我的想法成立了多个公司，价值10亿美元，还筹集了近10亿美元的慈善资金。

通常情况下，我需要注意到什么行得通，并试着去理解什么行不通。对于我在乎的项目和组织，这是一个还在进行、需要反复尝试、从失败中找到解决办法的试验。

现在，我有了一个指南针，它与人们的情况和我们的文化相关，我可以看出什么是当今的营销。这个方法很简单，但想接受并奉行这个方法却并不容易，因为这需要耐心、同理心和尊重。

从小到大包围着我们的营销，并不是你现在想要做的营销。花钱吸引普通大众的注意，然后卖给他们普通商品的做法，在过去的时代是一条捷径，但在我们现在生活的时代并不适用。

你可以学习了解人们如何形成梦想，如何做出决定和付诸行动。如果你能帮助人们变成他们想要成为的更好的自己，你就是一名真正的现代营销人员。

营销五步法

第一步是发明一种值得提供给他人的东西，同时配上一个值得讲述的故事和一份值得谈论的贡献。

第二步是好好设计、建造这个东西，尤其要让几个人从中受益，并让这几个人对其关爱有加。

第三步是讲述一个故事，让这个故事与上述那几个人内心的故事和梦想相匹配，这就形成了一个最小有效市场。

第四步是令大家都很激动的一步，即让更多的人知道。

第五步经常被忽略，那就是多年定期地、慷慨地坚持出现在人们眼前，目的是为你想要促使发生的改变注入信心。带领人们一起对其构筑信心，并获得人们的许可，这样才能持续跟进进度，并对其进行教导培育。

作为营销人员，在促使改变发生的同时，我们还需要坚持不懈地努力向更多的人传播我们的想法，让更多的人参与到我们的工作中。

这才是营销：执行概要

能够传播的想法才会赢。

营销人员促进改变发生的方式是向最小有效市场中的人们传递他们真正渴望获得的、期待的、私人订制的相关信息。

营销人员不是利用客户来解决自己公司的问题，而是利用营销来解决其他人的问题。他们富有同理心，知道自己寻求的服务对象所需要的东西与营销人员自身的需求不同，相信的东西与营销人员相信的不同，关心的也与营销人员所关心的不同，二者的这些方面很可能永远都不会相同。

我们文化的核心是我们的信念——我们对地位的信念、对我们在各种互动中自以为扮演的角色的信念、对我们下一步行动的信念。

我们在决定下一步去哪里和怎么去的时候，利用的是我们对于从属关系和管理控制这些地位角色的理解以及做出的决定。

长期、定期坚持不懈地给一些固定的听众讲述一些故事，可以获得这些人的关注、信任和行动。

直接营销不同于品牌营销，但两者都基于我们如下的决定，即要为合适的人做合适的事。

“像我们一样的人会做这样的事”，是我们每个人理解文化的方式，也是每个营销人员每天都要记住并付诸行动的一个想法。

想法走的是斜坡，想法最开始像滑冰一样顺利通过，然后跨越一个鸿沟，最后经过艰难跋涉得以被大众接受，时常如此。

被关注是一种珍贵的资源，因为我们的大脑里充斥着各种各样的杂音。聪明的营销人员通过获得服务对象的共鸣，让他们很容易记住自己要提供的产品或服务，这样就可以轻松获得客户的关注。

最重要的是，营销以我们做什么和怎么做开始（也经常以此结束），而不是一开始就讲述经过设计和运输之后得到的具体东西。

你的战术非常关键，但你的战略——你对此事的投入、你所讲述的故事以及你做出的承诺——可以改变一切。

如果你想促使改变的发生，请先塑造文化基础，先组织一个紧密联系的团体，先把人们拉到同一个步调上来。

文化比战略更重要，因为文化本身就是战略。

营销秘笈

1. 坚定的有创造力的人可以改变世界（事实上，也只有他们才可以做到）。你现在就可以变成那样的人，你可以改变比你想象的还要多的事物。

2. 你无法改变任何人，因此，问问自己“为谁而准备”可以让你更加聚焦于你的行为，帮助你应付那些不相信者（不管是你头脑中认为的还是现实世界存在的）。

3. 最好的改变都是有意为之，经常问“是做什么用的”才是重要的工作态度。

4. 人们都会给自己讲故事，那些故事只要涉及到我们中的任何一个人，都是完全和绝对真实的。试图说服他人（或者我们自己）故事不是真实的，那就太愚不可及了。

5. 我们可以把人们归为千篇一律类型，他们经常（但并不总是）给自己讲类似的故事，根据他们自认为的地位和需要做出相似的决定。

6. 你说的话与别人说的话比起来，后者更重要。

CHAPTER THREE

第三章

故事、联系和经历改变人

我们让事物变得更好的方式是足够关心我们的服务对象，去想想他们需要听到的故事。我们必须足够慷慨大方，与他们分享那个故事，这样他们才能采取他们能引以为豪的行动。

案例分析：把眼镜卖给需要的人

每一个人心里都有一个故事，这个故事带领人们闯荡世界。非常奇特的是，每个人的故事都是独一无二的。

几年前，我和一个人数不多的团队一起去了印度的一个小村庄，目的是找出憧憬春天（Vision Spring）工作中遇到的挑战。

憧憬春天是一个社会企业，向全世界需要而又没有老花镜的人售卖老花镜。

过去，人们的平均寿命只有三四十岁，对大多数人来说，从50岁开始就要戴的老花镜与他们没有任何关系。但现在人的寿命延长了，越来越多的人发现随着年龄的增长，身体依然健康活跃，却无法继续工作，因为他们无法阅读或者做需要近距离观看的工作。如果你是一个编织工、一位珠宝商或者一名护士，没有老花镜可能根本无法工作。

憧憬春天的策略是大批量生产漂亮的眼镜，这样成本很低，一副眼镜或许只要2美元。该公司与当地的旅行销售人员合作，由他们把眼镜带到全球各地的村庄，每副眼镜售价约为3美元。

生产成本与销售价格之间的1美元差价，足以支付运费、当地人员的费用和整个企业的运行。

我们在印度的村庄搭好桌子之后，很多人都跑过来看热闹。那天非常热，还是中午，大家都比较清闲。

那里的男人们都穿着传统的印度工作衫，上面有刺绣，前面两侧各有一个口袋。透过衬衫透明的薄面料，我能看到每个人的口袋里都装着卢比。

当时，我立刻获取了三条信息：

1. 根据这些人的年龄来看，很多人都需要老花镜，这是生物基因决定的。

2. 很多人都没有戴着或者拿着老花镜，很可能他们根本就没有老花镜。

3. 来看热闹的大多数人口袋里都有些钱，对于那些一天只能挣3美元的人来说，这些眼镜可能价格有点贵，但让每个人拿出3美元现金是不成问题的。

这些村民一个接一个地来到我们桌子前，我们递给他们每人一个上面带有视力测试的层压板。视力测试设置得非常简单，即便有些人不识字，也不管他们说什么语言，都可以测出视力。

接下来，我们给拿着层压板的村民一副眼镜样品，然后再次进行视力测试。就在那里，戴上眼镜，他们立马可以看得非常清楚。老花镜就有这种功能。对于这些男人和女人们来说，这不是一项需要检测的新技术，他们完全可以相信这项技术。

在这之后，眼镜样品被取下来，放在一边，我们给客户提供10副不同样式的眼镜，并给他们镜子让他们试戴选择。每一副试戴的眼镜都是崭新的，眼镜腿上还带着塑料保护膜。来到我们桌前并且需要老花镜的人中大约有三分之一的人购买了一副老花镜。

只有三分之一。

这让我大惑不解。

这些人明明需要眼镜，他们知道自己需要眼镜，也有钱购买眼镜，却有65%的人直接走开了，这让我感到不可思议。

即便站在他们的角度考虑，我还是无法想象他们为什么会做出这样的选择。一个小时以后，卖眼镜的人就走了。眼镜价格优惠，早就被证明对身体健康无害的技术效果很好，那我们究竟哪里做得不对，导致了这样的后果?

我在太阳底下坐了一个小时，绞尽脑汁思考这个问题，我觉得是我多年以来的营销工作经验让我做出了如下的改变。

事实上，我只改变了上述程序中的一个步骤。

就是这个步骤，让卖出的眼镜翻了一番。

我是这么做的：我把所有的眼镜从桌子上撤了下来。

接下来只要有人戴上眼镜样品，我们就对他们说："你戴着的是一副新眼镜。如果戴上它你能看清楚，而且你喜欢的话，请付3美元。如果你不想要，请把它还回来。"

就是这样。

我们改变了故事，从原来的"这里有一个购物机会，能让你看起来更好看，看得更清楚，享受整个购物过程，从头到尾都感觉这个东西是你的"，到"你想让我们拿走你想拥有的东西，还是想付钱保留永远都能对你有用的眼镜"。

实际上，这就是渴望获得与避免损失之间的对决。

如果你曾经一贫如洗，很难想象富有的人从购物中心获得的乐趣，尤其是买一些以前从未买过的东西时，那更让人兴奋不已。

去购物就是去冒险，我们投入时间和金钱，寻找一件新的东西，一件可能很好的东西，这本身都要承担风险。我们能够担得起这样的风险，是因为即使出错了也不会致命，出错甚至都不值一顿饭钱或者一次体检所花费的金钱。

即便出错了，我们不仅可以好好地活着，还可以第二天就返回去继续购物。

另一方面，要意识到其他人关于购物的想法与我的想法不一样，或者与西方国家眼镜商的想法不同，我换了个角度看问题。或许，我们寻求的服务对象把购买一件新东西当作一个威胁，而不是一次有趣的活动。

在城市郊区的大商场，如果不让青少年们把眼镜店里的眼镜试戴个够，大多数人可能都会感到愤怒，因为他们在这场交易中没有选择权。

我们中的大多数人都不想要一副已经被用过的眼镜，我们都想要漂亮的新眼镜，即使所谓“用过的”可能只是指之前被别人试戴过。但是，如果认为你所知道的东西，其他所有人也都知道；你想要的东西，其他所有人也都想要；你所相信的东西，其他所有人也都相信，那就是故步自封了。

我自己关于如何购买眼镜的故事，与下一个购买眼镜的村民的故事相比，不能算好，也不能算坏，因为我的故事就只是我的故事，如果我的故事没有起作用，继续坚持就是狂妄自大了。

我们让事物变得“更好”的方式是足够关心我们的服务对象，去想想他们需要听到的故事。我们必须足够慷慨大方，与他们分享那个故事，这样他们才能采取他们能引以为豪的行动。

想想SUV

读这本书的大部分人都不是卖车的，但我们大多数人都曾买过车。

要思考的问题是你为什么买了你想买的那辆车？

为什么有些永远不会把车开到公路以外的路上的人，却买了一辆价值9万美元的丰田陆地巡洋舰？

为什么你从未期待（或者需要）让汽车在3秒内从0加速到60公里/小时，

却多花钱购买了特斯拉的狂暴模式？

为什么你在家只是听30美元的定时收音机，却在车上装了价值3,000美元的音响？

更让人不解的是，汽车最受欢迎的颜色因购买的汽车类型而不同。

如果我们在购买一辆价值5万美元的汽车时，不愿意把实用性当作决定时最主要的标准的话，那么一瓶香水或者一条口香糖又有什么机会呢？

营销不是花更少的钱而增加更多特征的比赛。

营销是代表我们的服务对象去寻求改变的发生，我们的方式要求我们理解驱动我们每个人的非理性力量。

1/4英寸的钻头

哈佛大学营销教授西奥多·莱维特有一段名言："人们不想买一个四分之一英寸的钻头，而是想要一个四分之一英寸的洞。"

这段话的精髓是，钻头只是一个特征，一个达到目的的方法，人们真正想要的是这个钻头能够钻出来的洞。

但这么说其实也还没有道出真谛，没有人想要一个洞。

人们想要的是那个洞钻出来之后能够挂到墙上的架子。

既然墙上有一个四分之一英寸的洞，就可以把架子固定在墙上，把那些曾经杂乱无章的东西摆放到架子上。也就是说，他们想要的是看到东西井然有序地摆放在架子上的感觉。

但是，等一等……

他们还想要一种自己动手实现这种变化的满足感。

或者是，当配偶欣赏他们的工作时，他们在家里地位的提升。

又或者是，看到卧室不再乱七八糟而是干净安全后内心的宁静。

“人们不想买一个四分之一英寸的钻头，他们想要感到安全和被尊重。”

这才是真谛。

人们不想要你提供的东西

人们想要的是能够为他们服务的东西，他们想要这些东西带给他们的感觉，而他们想要的感觉没有太多种类。

本质上，大多数营销人员传递的都是同一类的感觉。我们只是通过不同的方式并借助不同的服务、产品和故事进行传递，我们在不同的时刻为不同的人传递感觉。

如果你可以给某个人带去归属感、联系、宁静的心境、地位，或者其他人们最愿意获得的感觉之一，你就做了一些有价值的事。你卖的东西只是实现这些感觉的途径，但如果我们只关注战术，而忽略了结果的话，那我们就会让所有人失望。“为谁而准备”和“是做什么用的”是引导我们做出所有决定的两个问题。

故事、联系和经历

好消息是我们不需要依靠最闪亮的、最现代的数字媒体捷径——我们可以支配使用更加强大有效的、有细微差别的、不受时间影响的工具。

我们讲述故事。这些故事能够引起听众的共鸣，不受时间的限制。这些故事都很真实，因为我们用自己的行为、产品和服务让这些故事很真实。

我们建立联系。人是孤独的动物，都渴望被看到和被了解。人们都希望成为一个团体的一分子，因为这样会更安全，通常也更好玩。

我们创造经历。使用一件产品，享用一种服务，捐献一次款物，参加一次集会，给客服打一次电话，每一项这样的活动都是故事的一部分，都一点一点把我们联系起来。作为营销人员，我们应有意识地提供这些经历，实施这些行为。

整个组织都为营销人员服务，都与营销人员一起工作，因为营销就是它的全部。我们提供什么、如何提供、为谁提供，所有这些既包括效果又包括副作用，既包括定价又包括利润。

市场驱动：谁在开车

每一个组织、每一个项目都受一个最主要的驱动力影响。

有些饭店是主厨驱动，硅谷经常是技术驱动，纽约的投资公司是金钱驱动，主要关注股票价格或者最新的金融操纵。

不管你选择的是哪一种驱动力，其声音都是最响亮、最清晰的，拥有这个声音的人坐在餐桌的上首。

通常，组织都是营销驱动。这些组织华而不实，关注的只是供应，只是光鲜的表面，只是能够再多挤出一美元的能力。

如果你想成为营销驱动，我爱莫能助，因为那是一条死胡同。

另外，一种可行的方式是市场驱动——听到市场的声音，认真去听，更重要的是，去影响市场，改变市场，让市场变得更好。

如果你是营销驱动，你关注的是脸书（Facebook）在最新的数据入侵，你公司标志的新设计和你加拿大的定价模型。另一方面，如果你是市场驱动，就会充分考虑你的客户和他们朋友的希望与梦想，你会倾听他们的挫败经历，进行投资以改变文化。

市场驱动才是长久之计。

理性选择的神话

微观经济学是基于一个论断，而这个论断已经确定是错误的。该论断在维基百科的论述是“理性的行动者在确定喜好时，假定都会考虑到可用的信息、事件的可能性和潜在的成本与收益，并且在选择自己决定的最好行动时能够坚持不懈”。

当然不是这样。

如果把我们中一个足够大的人群计算平均水平，在某些方面平均来看，或许我们可以看到一些上述行为的影子。不过，这可不是我想让你打赌下注的东西。

事实上，你最好把注押在下面这个论断上 ：“当迟疑不定时，假定人们会根据当时的非理性冲动采取行动，忽略与他们信念相违背的信息，以长远利益换取眼前利益。最重要的是，人们会受到他们认同文化的深刻影响。”

这里有两个错误可能出现 ：

- 假定你在寻找的服务对象都见多识广、清醒理智、独立自主、目光长远。
- 假定每一个人都与你一样，了解你所了解的，想要你所想要的。

我就不理性，其实你也一样。

CHAPTER FOUR

第四章

最小有效市场

最小有效市场的目标是找到这样一些人：他们能够理解你，能够爱上你想要带他们去的地方。

你打算做出什么改变

这是一个简单的问题，但也是一个具有诱导性的问题，因为这个问题暗示着你要承担责任。你是一个用心的演员，一个代理变化的人，一个努力改变其他人的人。

这或许是你的工作，也可能是你的爱好，如果两者皆是，那你就是幸运的。

改变可能很细微，比如，我正努力将OZO品牌的洗衣皂市场占有率提高一个百分点。为了实现这个改变，我需要把高乐氏品牌的用户转变为OZO的用户。改变也可以很深刻，比如，我正努力帮助我课外辅导的12名学生，让他们意识到，他们实际拥有的潜力和技能多于别人口中他们所拥有的潜力和技能。

不论是“我打算把那些投票弃权者转变为投票者”，还是“我要把那些想要成为管理控制者的人转变成渴望从属关系的人”，不管你具体要改变的是什么，如果你是一个营销人员，你都是在促使改变发生，否认这一点就是在躲藏回避，承认它反而更富有成效。

失误一：很容易选择一个华而不实的目标，几乎不可能完成的改变：“我要改变音乐教育的面貌，让音乐成为全国教育的重中之重。”好吧，这很好，只是从来没有人做到过，至少没有跟你拥有同样资源的人做到过。我是改变游戏规则本垒打的超级大粉丝，我热爱那些励志的故事，这些故事讲的都是战胜命运最终改变一切的人。

但是……

那是一个沉重的负担，而且也是绝望时方便的借口，难怪你停滞不前——因为你想做不可能做成的事。

或许从一开始就选择一个能够跨过去的跨栏更加明智，或许就改变制定非常详细的计划更加明智。然后，在这次成功经历的基础上，你可以重复该过程，迎接更大的挑战。

失误二：你所售卖的东西遭到了控诉，你想维护你已经在卖这东西这件事，于是你让工程师撤回了一个与那个东西相匹配的“改变”，然后用时髦用语将其装点，而这些时髦的词没有任何实际意义。比如我刚找到的一个例子，“对于特纳电视网新惊悚片的激活与参与，构成了观影者身份的元叙述。”

真的吗？

另一个是我妻子在顺便面包店（By the Way Bakery，美国传统面包店，所有产品均为手工制作——译者注）找到的一个例子，这个店是全世界最大的无面筋蛋白烘焙商。他们的改变是什么呢？“我们努力确保每一个人都被考虑到。我们向人们提供的面包美味、无面筋蛋白、不含乳制品、按犹太教食规清洁可食，成了亲朋好友聚会必不可少的美味佳肴，因为我们的存在，主人从排外变为包容，客人从局外人变为局内人。”

你做出了什么承诺

当营销人员带着自己的信息（不管使用哪种媒介）出现时，信息总是以承诺的形式呈现：“如果你做……就会得到……”但这种承诺经常不会明说，没留意的话可能会被搁置甚至忽视，或者被故意伪装起来，但是，所有有效的营销都会做出承诺。

这种承诺与保证不同，它更多表达的是这个意思："如果这对你适用的话，你会发现……"

所以我们可以邀请人们到爵士俱乐部，不只是度过一个愉快的夜晚。或者向他们承诺，如果他们听了我们的音乐，他们就会开启一段精神之旅。或者我们特制的芝士好似可以把他们带到古老的意大利……我们不是在谈论口号，但是上述这些口号能够让你明白我谈论的承诺性质。

"当我坐在钢琴前时，他们哄堂大笑……但当我弹奏起来后……"是关于地位的承诺。

"翻涌的浪潮（Roll Tide）"是关于管理控制的承诺。

"挑剔的妈妈都选择积富（Jif）"是关于地位和尊重的承诺。

"我保证效忠于……"是关于归属的承诺。

"地球需要一个好律师"是关于从属关系和正义的承诺。

你的承诺与你想要促使发生的改变直接相关。承诺的对象是你想要改变的人。

你渴望改变谁

一旦问自己你想要的改变，就应该很清楚你没有机会改变每一个人。每一个人意味着很多人。如果你想改变每一个人，这个群体内差别太迥异了，庞大无比，遥不可及。

所以，你要做的是改变某一个人或者某一群人。

这些人是哪些人呢?

我们不关心这些人是不是看起来相似，但如果你能找到某种共同点把他们归为一类，那还是很有用的。他们是不是拥有相同的信念？是不是来自同一个地方？人口统计学的某个特征如年龄、性别等是不是一样？或者更可能的是，都有同一种心理？

你能从人群中把这些人挑出来吗？是什么让他们与众不同而又彼此相似？

本书从头到尾都会时不时地提到下面这个核心问题："为谁而准备？"这个问题具有一种微妙而神奇的力量，可以改变你提供的产品或服务、讲述的故事和讲故事的地点。一旦你搞清楚"为谁而准备"这个问题的答案，各种大门都将向你敞开。

这里有一个简单的例子，唐恩都乐（Dunkin' Donuts，全球最大的咖啡和甜甜圈烘焙连锁店，主要为客户提供美味可口的甜甜圈和花式咖啡等休闲食品——译者注）和星巴克都卖咖啡，但星巴克刚开始的前二十年，从未尝试把咖啡卖给经常买唐恩都乐的人，唐恩都乐也没有尝试把咖啡卖给经常买星巴克的人。

这两组客户的外在表现不同（在波士顿，你会发现出租车司机和建筑工人更愿意在唐恩都乐买咖啡，而不是星巴克），但真正的区别不是外在的，而是内在的。星巴克从一开始就打算把咖啡卖给那些对于咖啡、时间、金钱、团体、机遇和奢侈有着清晰信念的人——通过执着地服务于这些人，星巴克铸就了那个时代的一个品牌。

世界观和人格面具

但是，你的市场是哪个呢？

你的目标客户是哪些人呢？

如果你不得不选择一千个人作为你真正的粉丝，你应该选择谁呢？

要根据人们的梦想、信念和渴望选择人，而不是他们的外貌。换句话说，使用心理特征而不是人口统计特征来选人。

就像根据人们眼睛的颜色或者他们无名指的长度把人们分为不同的人群一样，你也可以根据人们告诉你的故事来对他们进行分类，认知语言学家乔治·莱考夫把此称为世界观。

世界观是一种捷径，是我们看世界时透过的镜片，是我们对周边世界的假设、偏见，也是成见。福克斯新闻的忠实观众拥有他们的世界观，猎狐者也有他们的世界观，午夜去电影院观看《洛基恐怖秀》（朝圣电影经典中的经典，奇幻影展连续两年将之列入片单。片名虽有恐怖二字，但其实是超现实歌舞片，从头唱到尾——译者注）的人也有他们独特的世界观。每个人都应该被当作一个个体，其选择都有尊严，都应该被尊重。但是，作为营销人员，我们必须首先有自己的世界观，然后邀请那些跟我们有同样世界观的人们加入。“我制造的这个”这句话所体现的世界观与“你想要什么”这句话的世界观有很大区别。

如果我们十分清楚一个人的世界观，那么我们很容易预判出这个人对于某条新闻或者某件艺术品的看法或反应。

当罗恩·约翰逊在2011年就任杰西潘尼（J. C. Penney，全球500强公司之一，是一家拥有逾百年历史的大型零售企业，主要营业项目包括服饰、家具产品等——译者注）的执行总裁时，他的首要措施之一就是叫停了杰西潘尼经常向客户提供的折扣和紧急销售活动。约翰逊之所以采取这样的措施，是源于他的世界观，源于他关于如何购物的偏见。在他看来，一个注重品质的零售商，一个他愿意进去购物的商店，不可能总是在清仓处理，抛出各种优惠券和提供折扣，所以他努力把杰西潘尼转变成他想要的那种类型的商店，他这种措施的结果是销售量大幅下跌了五十几个百分点。

他在此之前是苹果公司的零售高级副总裁，所以他看待零售业的世界观镜片是优雅、安静和互相尊重的。他本人是一个奢侈品购买者，同样，他也喜欢销售奢侈品。因为这样的世界观，他放弃了杰西潘尼真正的粉丝，即那些喜欢购买廉价产品或者紧急出售产品的人，这些人的世界观与他的世界观不同。杰西潘尼的客户过去好像是在玩一种游戏，这个游戏让他们感觉自己赢了。

是的，我们是在给人们划分类型——为了更好地为他们服务，我们故意夸大了人们的态度和信念。

这个练习有一种很方便的捷径，那就是把我们可能遇到的人划分为几种不同的人格面具。有讨价还价的比尔，这样的人喜欢某种运动，在购物的时候，注意力集中在他关于金钱的套路上；有匆匆忙忙的亨利，这样的人总是在寻找捷径，一般不愿意排队等候，不愿意阅读说明或者深思熟虑，至少他出差的时候不会这么做。当然了，还有谨小慎微的卡拉，这样的人总是在怀疑出租车司机绕路，很确定服务员会敲她竹杠多收她钱，从来不会使用酒店迷你酒吧里的东西。

每个人都有一个问题、一个需求和一个故事。

你打算为谁服务呢？

聚焦焦点

不懈地追求大数量会让你感到枯燥乏味，因为大数量意味着普通，那是曲线的中心，要求你不能触犯任何人，而是满足每一个人，这会导致不停的妥协和一般化。还是从最小有效市场开始吧，如果想让你的努力有价值，你需要影响的最少人数是多少呢？

如果你能改变30个人，或者3,000个人，你需要慎重选择这些人。如果你的规模有限，最好把你的精力集中在市场的构造方面。

当联合广场餐馆在纽约开业的时候，其创始人丹尼·梅尔（纽约最受欢迎的餐馆老板，最早开张也是最为著名的店铺就是联合广场餐馆）很清楚他们一天只能为600个人提供服务，这是餐厅能容纳的最大客户量。如果你只能让600个人高兴，最好的开始方式就是选择好那600个人，对那些想要你提供商品的人进行精挑细选，选择那些最有可能听进去你信息的人，选择那些会把信息传递给合适的其他人的人……联合广场餐馆的魔力不在于它的位置或店面（最初开业的时候位于一个很糟糕的街区）或者有名的主厨（他们根本就没有），而在于它认真选择、整合客户的勇气。选择你的服务对象，选择你的未来。

最小有效市场就是这个能够带领你成长的焦点，听起来有点讽刺，却也可以让人很开心。

具体就是一种英明和勇敢

具体意味着承担责任。

行得通或者行不通。

相符合或者不符合。

传播了或者没传播。

你有没有藏在每一个人或者任何一个人的后面？

你永远不可能为每一个人服务，这让人心里略感安慰，因为即便没做到，你也不会感到太失望。

但如果你致力于服务好最小市场的有效受众呢？如果你很明确你寻求的服务对象和你打算促使发生的改变呢？

把你的项目、你的人生和你的组织都按照最小量进行整理吧，你能够赖以生存的最小市场是什么？

一旦你确定了规模，就去找市场的每一个角落，其实这个角落市场已经迫不及待要获得你的注意了。在地图上找一个位置，在那里，你，也只有你，才是最好的答案。用你的关心、注意和焦点淹没这些人的渴望、梦想和欲望，让改变发生。改变是如此深刻，让人们情不自禁地要谈起它。

精益企业的核心理念就是最小的可行产品，想清楚你的产品最小有效版本，投放到市场，然后不停地改进和再投放。

关于这个理念人们容易忽略的就是有效二字，不要做没用的垃圾运输，向市场投放没有用的东西是帮不了你的。

如果我们把这些理念组合起来，就能够做到从小处着眼，并迅速思考。我们对于市场敏锐的靠近，加上对服务对象不懈的聚焦，意味着我们更有可能把我们的服务提供出去。

企业家和硅谷先驱者史蒂夫·布兰克认为，创业者唯一的项目就是聚焦客户。促进客户的发展其实是获得与客户群之间牵引力的行为，是在你提供的东西与他们想要的东西之间找到匹配，这个牵引力比炫酷的技术或者昂贵的营销更有价值。这个，也只有这个，决定了项目的成功。那些想要你成功的人是否如此迫切以至于心甘情愿付钱让你生成你想要的改变？

一旦你不再追求为每一个人服务，事情就变得简单起来。你的工作不是为每一个人而准备的，只是为那些愿意加入这个旅程的人服务的。

避开那些不相信的人

提供服务的过程存在过滤气泡，想要从周围听到的都是我们认同的新闻很容易。我们可以相信，每一个人都与我们的世界观一样，与我们的信仰一样，与我们的渴望一样。

直到我们开始向大众进行营销。

如果我们想为最大的可能受众群服务，那些受众会拒绝我们，他们齐声说“不”的声音震耳欲聋。他们的反馈可能是很直接、很明确，极富个人色彩的。

如此繁多的拒绝很容易磨去我们与众不同的边角，让我们开始融入大流，比其他所有人都更加融入。

忍住！

不是为他们准备的。

而是为最小的有效受众群准备的，为你最开始打算服务的人们准备的。

爱在哪里

专门报道领先技术的记者克莱·舍基明白，以社会团体为驱动力的软件是如何改变一切的：“在我们过去生活的世界里，小事是为爱而做，大事是为钱而做。但现在，我们有了维基百科，突然之间，大事也可以为爱而做。”

不只软件如此。

关于最小有效受众群的目标是找到这样一些人，他们能够理解你，能够爱上你希望带他们去的地方。

爱你是他们表达自己的一种方式，成为你行动的一部分是他们表达自己是谁的一种方式。

这种爱就会形成牵引，形成准入和推荐宣传。这种爱成为他们身份的一部分，成为他们做自己感觉对的事情的一个机会，通过他们的贡献、行为和所戴的徽章来表达自己。

你不可能指望每个人都这么感觉，但你可以为那些感觉如此的人做你的工作。

"赢者全赢"很少发生

可能即使在一个民主国家，获得第二也很少受益，但"每个人"的想法是错误的。

我曾与两个国会竞选的组织者聊天，他们一直说要把信息传递到每一个人那里，与每个人建立联系，让每个人都去投票。

我做了一个小调查，发现在那个地区上一次的候选人提名会上，只有两万人进行投票，也就是说，在一个有竞争关系的提名会上，让5,000人去投票就能造成很大影响。对于你的工作而言，5,000个合适的人很可能已经足够了。

一个词的简单转换

既然你明白了你的工作就是促使改变发生，而且方法就是先找出你想要改变的人，获得准入权，然后慢慢教育引导、影响他们进行那种改变，现在我们要学的是转换你对改变对象的描述。

或许，我们不应该把他们称作潜在客户和客户，而应该把他们称为你的"学生"。

你的学生在哪里?

他们从学习中会获得哪些收益?

他们愿意学习吗?

他们会告诉别人什么?

这种关系不是学校里有关考试与顺从的师生关系，也不是性别主义或者种族主义者讲的权力格局，而是关于准入、选择和关心的学员与导师之间的关系。

如果你有机会教育我们，我们将学到什么?

如果你有机会进行学习，你想要学到什么？

把海洋染成紫色

有一种使用小偷探测染料进行的危险恶作剧，这种染料是粉剂的，颜色亮丽，一点点就够了。这种粉剂一旦触碰到你皮肤上的水分，就会扩大显现出一片鲜亮的紫色，而且很不容易洗掉。

往游泳池里投放一汤匙这种染料，池子里所有的水都会变成永久的亮紫色。但是，如果把这些染料投放在海洋里，可能没有人会注意到海水颜色的变化。

当你渴望把自己最好的工作与人分享时——包括你最好的故事，你对改变的尝试，如果这些能够进行传播，是很有帮助的。如果这种改变是永久的，那就更有帮助了。但是，即使这种改变非同寻常，如果你把它投放在“海洋”里，那也不会造成任何影响。

这不意味着你需要放弃希望。

而意味着你应该离开海洋，去寻找一个大的游泳池。

在游泳池里你足以造成影响。从游泳池开始，执着地坚持这个焦点，一旦在这里实现了改变，再去找另一个游泳池。更理想的是，让你最好的学员传播你的理念。

“不是为你准备的”

我们本不应该说上面这句话，当然，我们更不愿意说这句话。

但是，我们必须说。

“不是为你准备的”体现的是一种能力，这种能力让我们足够尊重别人，以至于你不打算浪费他们的时间，迎合他们，或者坚持说服他们改变他们的信念。对你的潜在服务对象说“这是我为你打造的，不是为其他人，而是专门为你”，这也体现了对潜在服务对象的尊重。

这就是一枚硬币的两面。

这是忽略那些没有明白笑点的批评者而获得的自由，是将你的故事讲述给那些最需要听到的人的特权……这就是你能找到让你引以为豪的工作的地方。

因为，那些你不打算去服务的人怎么想对你的工作没有什么影响。有影响的是，你有没有已经改变那些信任你的人、那些与你建立联系的人、那些你渴望去服务的人。

我们知道，亚马逊网站上的每一本畅销书都至少有几个一星的差评，想要一种工作既有影响又取悦每个人，这是不可能的。

喜剧演员的困境

一位著名的现代喜剧演员要在纽约市进行一场现场演出，然而，他的经纪人没有太关注这件事。

这名演员心情愉悦地来到表演俱乐部，他带来了自己最好的东西，然而，他在台上卖力地表演，可是没有一个人在笑。

甚至都没有人看他一眼。

他惨遇失败。

这次表演之后，他把自己痛骂了一顿，打算再也不进行喜剧表演了。

后来他发现那天的观众是一群意大利游客，没有一个人能听懂英语。

“不是为你准备的。”

工作不尽如人意、没有足够好完全是有可能的，但是，如果你首先没有确定好是为谁准备的，完全有可能导致这种结果。

简单的营销承诺

这里有一个模板，一个你可以使用的三句话营销诺言：

我的产品是为那些相信__________的人准备的。

我会聚焦那些想要__________的人。

我保证，使用我制造的东西可以帮助你__________。

也许你原本还以为看这本书都是为了卖肥皂，这三句话让你知道事实并非如此。

案例分析：打开心扉项目

苏珊·匹维是一位深受敬重的冥想老师，她写的一本书被列为《纽约时报》的畅销书，她的讲座场场爆满。她与以前的其他冥想老师一样，有自己的一套冥想方法和一众追随者。

然而，有一次活动结束她准备离开的时候，从外地来的粉丝问她："我们怎样才能在当地联系到一个老师可以教我们冥想呢？"

为了满足这个需求，她决定在网上成立一个在线冥想中心，即僧伽（sangha）。

几年之后，这个僧伽的会员多达两万多名。大部分人都会获得定期更新的视频课程，而且完全免费。然而，有些人不满足于此，他们付费购买会员资格，几乎每天都会与他们的老师进行在线沟通，老师也会主动与他们联系。

她怎么找到的这两万人？这不是一蹴而就的，而是成千上万次微小的努力聚集的结果。

仅仅几年之后，这个小项目就成了世界上最大的冥想团体，这个项目只有一个全职职员，但她却与成千上万个人联系着，对他们进行启迪。

美国有数不清的冥想指导老师，他们像苏珊一样，每一个人都有能够链接到全世界的笔记本电脑，但为什么打开心扉这个项目能够造成如此大的影响？

1. 带着感同身受的心态看到一个真实的需要，不是发明的需要，不是“我该如何创业”，而是“这有什么影响”。

2. 聚焦于最小有效市场 ：“怎么让很少的几个人离不开它，并且即使少也值得一做？”

3. 与服务对象的世界观相匹配，给他们讲述他们愿意听的故事，用一种他们迫切想要理解的语言讲这个故事。

4. 让这个故事易于传播，如果每一个会员都带来一个新会员，几年之内，你将拥有数量十分庞大的会员量。

5. 获得服务对象的关注和信任，并保持住。

6. 提供更加深入的方法，不要为你的工作寻找会员，而是努力为你的会员寻找合适的方式。

7. 在这个过程中的每一步，随着会员朝着他们的目标前进，记得制造紧张并进行缓解。

8. 出现，要经常出现，要谦虚，聚焦于有用的那部分工作。

CHAPTER FIVE

第五章

寻找“更好”

“更好”看起来是什么样的呢？不是在你看来，而是在客户看来！

啤酒爱好者网站（beeradvocate.com，成立于1996年，总部位于波士顿，现在每月有超过2,000万人次的访问量，每天增加新会员数百人——译者注）有250种啤酒，每一种都有3,400多条评论，每一种啤酒都是固定人群的最爱。在美国，有成千上万种啤酒，每一种都为人钟爱，这是有可能的。

怎么会这样？因为每个人自己体验到的味道才是最重要的，其他人说了都不算。

如果一个营销人员过来说“这个更好”，那他就错了。

他实际上想说的是：“这个对某些人来说更好，对你来说可能也更好。”

同理心是营销的核心

人们不相信你相信的东西。

他们不知道你知道的东西。

他们不想要你想要的东西。

这是真的，但我们宁愿不接受这一点。

过客感的定义就是，在那一刻，你意识到你身边的每一个人都有着跟你的生活一样丰富多彩、波澜壮阔的生活。

每个人的头脑里都有杂音。

每个人都认为自己是对的，都曾受到过别人的冒犯和不尊重。

每个人都很害怕，同时也都意识到自己是幸运的。

每个人都有冲动想让世界变得更加美好、想与其他人联系、想要贡献自己的力量。

每个人都想要他们不可能获得的一些东西，如果他们拥有了这些东西就会发现，其实他们并不是真的想要这些东西。

每个人都感觉孤独、不安全，都多少撒过谎，每个人也都有关心的事情。

所以，作为营销人员，如果我们坚持要他们跟上我们的项目，要他们意识到我们多么努力地工作，我们头脑里的杂音音量有多大，我们的事业多么重要……那么，我们给他人做营销的机会就很渺茫了。

相反，如果我们与他们感同身受，效果就会大增。

一百万美元的交易

考虑一下一个非营利活动资金筹集人的困境，她正努力地为校园的一座建筑筹集一百万美元，但每次她去找基金会或乐善好施的人时都会遭到拒绝，于是她对自己说："你说得对，这笔钱的数目太疯狂了，我自己就永远不会把一百万美元用来做慈善——我现在付房租都有困难呢。"

所以，她筹集不到捐款。

让捐款人怀有同理心可以改变这种状况，因为捐款的不是她，而是捐款人。

应该做到让捐款人对自己说："这一百万的捐款是一笔交易，我会从这个决定中得到价值最少两百万美元的快乐、地位感和满足感。"这样就可以了，这样就意味着捐款人进行了选择。

我们追求的每一件东西——每一笔投资、每一件小的装饰品、每一次体验——都是一个交易。我们之所以为之付钱或心血，就是因为这件东西的价值比我们付出的要多，不然的话我们也不会购买和付出。

这样再来看刚才那个运气不好的资金筹集人，如果你不愿意对你服务对象的故事报以同理心，那么你就是在偷窃。

说你在偷窃，是因为你没有把一个有价值的选择提供给你的服务对象。你让他们没有办法理解，他们会从你创造的机会里获得多少……这个重要的收益就是一个交易。

如果他们能够理解你提供的东西却不购买，那么这个东西就不是为他们准备的，而并不是因为时间不恰当、价格不合理或者是那个建筑物的原因。

这样看来没有任何问题。

考虑“更好”

人们经常愿意确定一个传递关系，即甲＞乙＞丙。比如，这对长度来说很合适。一把尺子比一个拇指长，一个拇指比一颗胡椒籽长，因此一把尺子比一颗胡椒籽长。

但当我们是在为他人创造故事和机会的时候，这种线性对比没有意义。

爱马仕包比路易·威登包要昂贵，而路易·威登包比蔻驰包昂贵，但这并不意味着爱马仕的包“更好”，只表明它更贵，这可能只是某些人关心的众多点里的一个点而已。

消费可能很容易测量，但绝不是价格越高就一定意味着“更好”。

因为还有其他更主观的测量类别，如“时髦的”“流行的”或者“地位”。突然之间你会发现，这不是线性对比可以解决的，很多因素是不好测量的。对于“更好”是什么意思，一点都不好确定。

“更好”不是你说了算

克利夫兰市（位于美国俄亥俄州，历史上由于运河和铁路交汇，成为制造业中心——译者注）有250多种摩托车型号在售。你能把这些型号都说出来吗？没有人可以，即使是收集摩托车的人也做不到。

同样地，也没有人能把所有的番茄酱，或者保险经纪商，又或者教堂说出来。

所以，我们怎么处理、记住和选择一件商品呢？

我们记住最好的一种。

对什么最好呢？

这就是那个非常关键的问题：对我们最好。

如果我们注重维持性和价格，那么我们的大脑就会为我们最喜爱的品牌留一个位置，那我们选择的就是持续性和价格都最好的产品，这并不让人觉得奇怪。

然而，我们的邻居可能更关注自己在人群中的地位和奢侈品，所以他会选择另一个截然不同的品牌。

这也不足为奇，因为我们是人，不是机器。

作为营销人员，你的工作是在地图上找到一个点，这个点的形状是人们（至少有些人）想要找的，而不是只关注自己的独特的销售计划，目的就是最大化你的市场占有率，它就像一个更慷慨的灯塔，一个信号灯，让在寻找你的人更容易找到你。

我们就是这样，而不是那样的。

狗粮的营销

狗粮一定在变得“更好”，更有营养，当然也更加美味。

去年一年，美国人在狗粮上花的钱达240多亿美元。狗粮的平均价格一路飙升，食材成分的美食性质也扶摇直上，如里面添加了红薯、驼鹿肉和美洲野牛肉等。

然而，我从没有看见过一只狗买狗粮。

你见过吗？

随着狗粮价格的上升，狗粮的味道可能更加可口。但事实上，我们作为人并不清楚。我们不知道狗狗是不是更喜欢新的狗粮，因为我们不是狗。

但我们可以肯定的是，狗主人们更喜欢新的狗粮。

因为狗粮是卖给狗主人的，他们关注的是狗粮给他们的感觉，照顾忠实、友爱的动物给他们带来的满足感，购买奢侈物品体现出的地位，以及愿意分享该物品表现出的慷慨大方。

有些狗主人想要在狗粮上花费更多的金钱，有些想要不含淀粉的狗粮，这主要是出于狗主人对自我的安慰。

我们不要被这些创新是为谁准备的这一问题迷惑了，这不是为狗狗准备的，而是为我们自己准备的。

狗粮公司的营销人员可能认为，增加狗粮销售额的秘诀在于让狗粮的味道更好，但这需要人们理解狗对这个问题的看法，那实在是太难了。

事实上，正确的算式应该是生产狗主人愿意购买的狗粮。

这个例子的目的不是为了帮助你更好地销售狗粮，而是去理解性能和吸引力之间的相关性不都是很大的，工程师选择的性价比最佳组合很少被市场选择。

我们大脑里有两种声音：一种是狗狗的声音，狗狗的声音用词不多，但很清楚它想要什么。另一种是狗主人的声音，这种声音细致入微、自相矛盾、复杂难解。这些数不清的声音输入我们的大脑，很容易让我们心不在焉。

与根据一百种因素（但绝不包括味道）选择狗粮的狗主人一样，你寻找的服务对象也会关注一系列不同的事物和情感，而不是简单地在价格方面的比赛。

选择你的极端，你就选择了你的市场，反之亦然。

“早期采用者”不是“适应者”：他们渴求新鲜事物

“早期采用者”是营销人员工作的第一站，但很重要的一点是不要把他们当作“适应者”。如果发生变化，适应者会想办法弄明白怎么适应。他们不乐意如此，但他们会弄明白。

早期采用者与他们不同，他们是新鲜感成瘾者——他们对新鲜事物上瘾。他们发现新的东西时会非常兴奋，他们喜爱“这或许行不通”带来的紧张，他们炫耀自己的发现时会感到非常愉悦。对于那些想要与他们一起创新的人出现的过失，新鲜感成瘾者非常宽容，但一旦最初的兴奋退去之后，就又非常无情苛刻。

他们对于“更好”不懈的追求，正好解释了他们为什么总是在寻找新鲜的事物。在一个早期采用者眼里，你不可能做到完美无缺，你能做到的最好就是有意思。

作为一名营销人员，你在工作时会被两个极端拉扯着。有时候，你要忙于为那些容易感到厌烦的人创造有趣的新产品。有时候，你又要努力提供一些能够持久的产品和服务，这样才能获得慕新族以外的人的注意，满足市场上其他人的需要。

几乎营销人员可以做的所有事情，都应该要面对这种差别。还是那个具有魔力的问题：为谁而准备？

你的潜在服务对象——他们相信什么？他们想要什么？

关于爬行人类的题外话：爬行人类悄悄掌管事物的运行

罗兰·伊霍夫是古腾堡大学的教授，这所大学位于德国西部美因茨港市，伊霍夫想要弄明白是什么让某些人选择了他们的信念。

他专门选择了一个特殊的群体：阴谋论者。我们都知道阴谋论说的并不是事实，但为什么却对某些人特别具有吸引力？这些人有什么共性呢？

在一项研究里，他发现很多人都相信戴安娜王妃仍然活着，认为她的死亡是伪造的，同时也认为她是被人害死的。在另一个类似的研究里，有些人相信本·拉登在美国海豹突击队到达其住宅前已经死亡，同时也会说他还活着。

事实是什么我们暂且不论，也不应该被讨论。现在的情况是，这些阴谋论者作为局外人，从这些事件中寻求安慰，他们寻找的是一种感觉，而不是一个符合逻辑的真理。伊霍夫写道：“对阴谋论的坚持并不一定总是缺乏意识控制的结果，而是对独特感执着渴望的结果。”

在伊霍夫的研究中，他还提到美国阴谋论者对德国烟雾报警器编造的“事实”。当他告诉这些阴谋论者，德国81%的人口相信这个阴谋论的时候，这些人几乎不怎么感兴趣，但当他们听说只有19%的德国人支持他们的理论时，他们的反应更为热烈。

通过支持那些处于劣势的失败者，阴谋论者将其渴望的情感投入其中，这种情感包括独特感、勇敢的直言者和局外人。

这些人并不把自己当作怪人，并不是每一个人都有自己独特的故事，孤立无援。相反，他们努力成为一个小团体的一部分，一个少数人组成的团体，一个坦率直言的团体，当外面的世界忽略他们的时候，他们从彼此那里获得安慰。每一次他们与其他发现爬行人类的人在一起的时候，他们就可以找到上述的那种情感。

很多早期采用者都属于一个个微小的部落，但阴谋论者并没有给这些部落带来大的飞跃。

我们每个人迟早都会（一段时间内）成为那种相信爬行人类控制地球的人。我们都在寻找自己的小小独特感。

谦逊与好奇

有一位营销人员对其他人感到好奇，她想知道其他人在与什么作斗争，以及他们这样做的原因，她对其他人的梦想和信念非常感兴趣。

她的受众每天都要与缺乏时间和注意力作斗争，她对此谦逊地欣然接受。

人们不会急着把他们的注意力投向你，你投资广告这个事实并不能为你带来一些无价之宝。

相反，我们可以希望人们会主动拿他们的注意力做交易，交换他们需要或者想要的东西。他们愿意交易是因为他们真的感兴趣，因为他们相信你一定会遵守诺言。

并不是每个人都会感兴趣，但如果你的工作做到位了，就会有足够多的人感兴趣。

这就是锁与钥匙的关系。你不是到处跑，拿着你的钥匙去试着开每一把你能想到的锁。相反，你是先找着人，因为你对他们的梦想和渴望感兴趣，你会专门为他们造一把锁，他们会欣然用他们的关注来交换这把锁。

救生员不需要在溺水的人身上花太多时间，只要带着救生圈出现。如果溺水的人明白利害攸关，你根本不需要登广告就能让他们抓住不放。

案例分析：《危险心声》——不只一种方式让它受到热捧

《危险心声》这部音乐剧的首演是在美国新泽西州，当时遭到差评，几乎没有人去观看。两年之后，其原声音乐却出现在Billboard音乐奖的原创专辑榜单的前十。在它首次被录音之后，又有一百多万次的录音，《危险心声》成了你一时无法观看（截止本书英文版出版时，其尚未重新搬上舞台）的热门音乐剧。

能超越它的只有《汉密尔顿》（*Hamilton*，根据美国第一任财政部部长、美国开国元勋之一的亚历山大·汉密尔顿自身经历改编的音乐剧，于2015年8月6日在百老汇首演——译者注）。这是当代最受人们喜爱的音乐剧，大量出产同人小说（fan fiction，也称为粉丝小说，由某小说、电影等的爱好者创作，人物取自原作，常为网络文学——译者注）、配有字幕的视频动画以及高中读物。

在百老汇的首演演出中，却从未出现过这种现象。没有风险、时间和各种委员会，而且绝对没有首夜演出之后的强烈反响。查尔斯·伊舍伍德在《纽约时报》写道：“其框架可以预见……陈旧乏味……毫无新意……”

问题是，这不是为伊舍伍德或者其他评论家准备的，这部音乐剧是专门为新一代准备的，这一代人已经接纳了它，还会谈论它，并与别人分享。意大利那不勒斯一个名叫克劳迪娅·卡卡塞的粉丝，给该音乐剧的一些视频动画绘制了一些动画帧，这些画作被爱达荷州爱达荷瀑布市的达夫·考尔德伍德看到，他付钱让她再画一些。就这样，这部音乐剧得到了广泛传播。

在纽约近期的一次咖啡馆表演和见面会上（见面会持续了几个小时），来自世界各地的粉丝都聚集到一起去会见音乐剧的创作者。当然，同样重要的是，他们也可以见一见彼此。

如果这部音乐剧再推出一轮新的演出，也没有人会感到奇怪，这次是非百老汇的演出。

汽车有什么用

更确切地说，一个十几岁的少年要汽车有什么用？

并不简单地只是为了出行的需要，毕竟十五岁的少年并没有太多的出行要考虑，很多青少年直到大学毕业都没有自己的车也过得去。这是想要，而不是需要。

其他购物带来的改变没有几个能比购买汽车带来的改变多，而且，在这种情况下，我们看到的是对不同的人带来不同的变化。

对于青少年来说，一辆汽车可以让自己从一个依赖他人的孩子转变成一个独立自主的成年人。

这会带来地位、观念和权力的改变，这种改变比四个轮子大多了。

对于其父母来说，这带来的是从对一个人的管理控制转变为提供自由和责任，同时带来父母与子女之间关于安全、控制和地位的重要讨论。

邻居们会说什么呢？关于安全，我们会告诉自己什么呢？关于独立性、机遇和溺爱呢？

所有这些变化都是决定购买汽车时的考虑重点。当汽车设计者、营销人员和销售人员看到这些改变在起作用时，他们会提供更多价值，因为他们在设计的时候，脑子里就会想着这些事。

选择太多

老式的工业营销主要围绕着为广告付费的那个人，是向客户服务，而不是为那个人服务。传统的营销利用压力、诱导转向和其他可以想到的任何强制手段进行销售——只要能让客户上钩，能拿到钱，能在密密麻麻的合同上签字就行。

当客户除了听你说、与你互动以外没有别的选择时，当电视只有三个频道、镇上只有一个商店、只有几个选择时，底线竞争可能是值得赢的比赛。

但是，现在的客户拥有全新的权利，对营销人员看起来杂乱的东西，他们感觉就像一个又一个的选择。他们逐渐意识到，有不计其数的选择，有无穷无尽的方案。然而，对营销人员来说，就好像在沙漠里卖沙子一般。

每一年都有一百万本书籍出版。

亚马逊网站上有500多种充电器。

教练、课程和俱乐部的数量比他们能想到的还要多，不管是租用还是加入。

这些选择像海啸一般涌向客户，但大部分提供这些选择的人都比较自私，所以客户的选择非常明显，那就是直接走开。

定位一种服务

在一个充满选择的世界里，我们有太少的时间、太小的空间和太多的选项，那该怎么选择呢?

对于我们的潜在服务对象，简单地关上门，甚至都不试着解决他们的问题，这样做起来更简单。如果感觉任何一个选择都是错的，那么最好是什么都不做。如果整个世界都充斥着各种宣示声明和大肆宣传，人们就会什么都不相信。

营销人员可以选择代表某些东西。不要说“你可以选择任何人，我们就是任何人”。营销人员可以从一个值得服务的受众群体开始，从他们的需要、欲望和梦想开始，然后为这些受众打造某些东西。

这意味着走极端。

找到一个优势。

代表某些东西，而不是所有东西。

方法：画一个简单的X、Y坐标轴。

每个可利用的选择都可以标在坐标轴上（我还不打算称呼它们为竞争对象，待会儿你就会看到原因），比如在一个特定超市里所有的薯片、对于背部问题所有类型的护理方法和产品、一个小镇上所有的精神医疗机构。

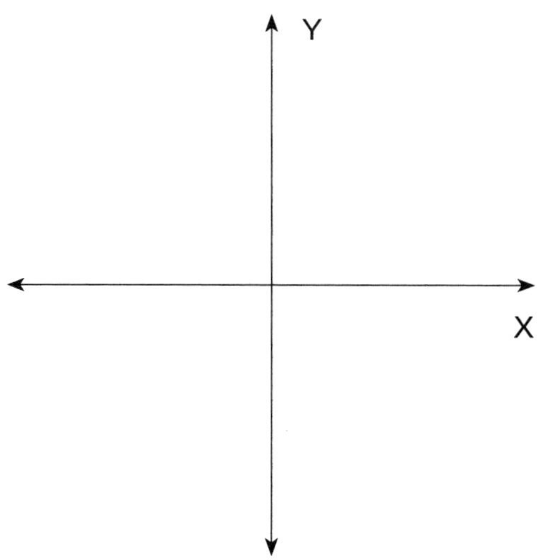

选择两个轴，一个是水平X轴，一个是竖直的Y轴。

对于每一个轴，选择人们关心的一些东西，比如便利性、价格、卫生与健康、性能、受欢迎程度、技能水平或者功效。

比如，在整个镇上有六种方式可以买到钻石。在一个轴上显示的是速度，在另一个轴上是安全。结果是，装甲车和邮局服务都很乐意给一个装着钻石的小信封投保，但是一个需要的时间很长，另一个只需要一个下午。

如果你不在乎安全性，单车快递甚至可能更快。如果你对速度或者安全性都不在乎，那么，一张邮票就可以解决。

这个XY坐标轴定位极端的魔力就在于能够非常清晰地表明每一个选项可能都合适，关键看你在乎的是什么。如果把这些轴改成便利性、成本、环境影响或者可扩展性，你能看出这个表格就完全不同了吗？

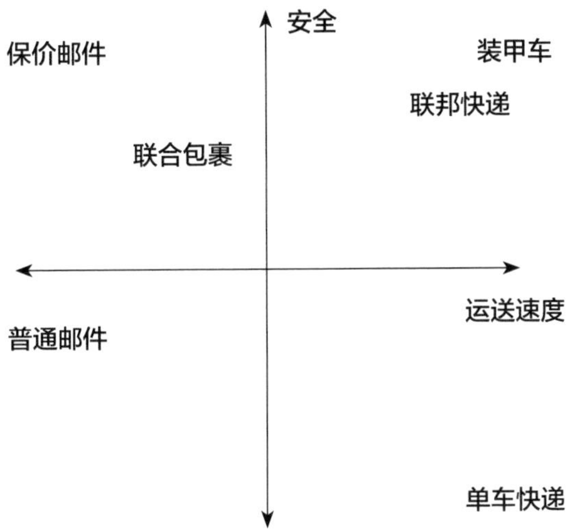

这种方法也可以用在薯片上（昂贵的、当地的、烘焙的、加调味剂的、加厚的、便宜的，等等），用在对沃尔玛、扎莱什（Zales，成立于1924年的德州百年家族企业，美国最知名的珠宝零售商——译者注）或蒂芙尼的比较上（价格、便利性、地位、稀缺性），或者对游轮、私人飞机的比较上。或许，一辆福特、特斯拉、迈凯伦也可以。我们对这些产品特点的兴趣，可能根本不及我们对这些特点所激发的情感兴趣大。

下面列一些坐标点供你选择。因为你对自己的坐标轴比我了解得清楚，我肯定你还可以想出一些其他选项。

速度	邻近程度	价格
可见性	性能	时兴
成分	隐私	纯度
专业性	显著性	精英主义
维护费用	危险性	安全性
试验性	锐利程度	有限的
分布	不完全的	网络效应

你为X轴选择两个极端的属性之后，再为Y轴选一个不同的属性，在这个坐标象限里标注上客户的选择。

现在，你就得到了一张地图，上面可以看出可用选项如何累积，忙碌的人可以用这张地图找到其问题的解决方案。

有些薯片以健康有机的名头进行销售，有些则以传统的、令人满足的名头投入市场，还有一些以价格低廉和消费面广为特点。

营销人员从一开始就一直在做这些事情。当大卫·奥格威和罗瑟·里夫斯（很有可能还有唐·德雷柏）在20世纪50年代做广告的时候，他们首先会在市场上想出一个洞，然后只需要发明一些噱头和特点能够填上这个洞就行。所以，一块肥皂是为那些想要纯净的人准备的，另一块是为那些想要保持皮肤湿润的人准备的。这些肥皂是不是一样没有关系，因为它们都有自己的“定位”。营销先驱杰克·特劳特和阿尔·里斯进一步推动了这种做法，他们让营销人员将竞争对手逼到一个角落，并努力将这个角落变为自己一个人的地盘。

这样做都没错，只是长远来看并不能持续，至少在这个剧烈竞争的世界不行，相反，我们可以把对优势的追求看作：

- 真实的承诺，我们会持续在所有的行动里加倍表现这些承诺。
- 慷慨的承诺，以一种服务的方式出现在客户面前。

比如，当地的音乐老师开始上课时不能只是说“我是当地的”，因为我们都知道当地还有其他老师。不仅如此，“我很擅长教育人”和“我不会朝你的孩子大喊大叫”都不是值得谈论的属性。

如果他选择“我很认真，我的学生也认真，这与严厉有关”作为一轴，“我的学生们赢得了比赛”作为另一轴，突然之间，你就有了一个值得去拜访的老师，一个值得你多付钱的老师。

这个老师是我希望从小伴我长大的老师吗？绝对不是。这不是为我准备的老师，而是为那些家长们准备的，他们把训练房当作性格培养的一种形式，也是为那些学生们准备的，他们把音乐当作一种比赛，这正是他们想要的。

现在，这个老师的工作也被限制了，因为这样一来，他必须得比其他老师更加严厉和专业。他的确不得不做出艰难的决定，那就是开除那些不够认真的学生，而且必须对他的学生一直坚持不懈、孜孜以求，直到他们真正赢得比赛。

住在几个街区之外的另一个老师，可以在地图上画出完全不同的点。她可以接收所有的学生，授课内容聚焦在经历上，而不是讲义上。她可以拒绝参加比赛，而是以联系和慷慨为特点形成自己的教学实践。

两位老师以不同的方式对待不同的人，他们之间不存在竞争关系，他们其实是“一条船上”的。

选择你的轴线，选择你的未来

当你看到那些可用属性的清单时，很容易选择那些大部分都在乎的特点。毕竟，想要声称一种优势很难，而选择一个很少有人在乎的特点似乎也不明智。所以我们想，最好还是选择那个受欢迎的属性。

这么做意味着你肯定选择了一个非常拥挤的象限。离开广告的魔力，很难在一个拥挤的象限里出类拔萃。你的客户不知道该做什么，所以他什么都不会做。

另一种选择就是建立你自己的象限。找到被别人忽略的两个轴线，构造一个故事，一个真实的故事，这个故事可以坚守你的承诺，把你放在这样一个位置，在这个位置上，你有非常清晰和明显的选择。

其他所有人，那些选择普通的、受欢迎轴线上普遍的或者努力工作的品牌都汇集在一起了。

另一方面，你却担着风险爬高枝，这个枝头只属于你一个人。或许，当然只是或许，有一些没有得到周到服务的客户，他们迫不及待地想要找到你，与你联系，并把找到你的消息传播出去。

这么多选择

软件、香水、保险、候选人、作者、设备、教练、慈善机构和零售商——只要你能看到的地方，到处都有品牌。如果你只能选择一个品牌，将其放在下列清单中对应的情感旁边。如果你选择的品牌可以让你有某种感觉，你会选择哪一个品牌呢？

安全	漂亮	有责任心的
聪明的	有力	值得的
有联系的	时髦的	

如果营销人员做好了准备工作，这些选择对你来说应该很简单。

人们在等你

只是他们还不知道。

他们在等着看你标识出的优势，对于这个优势，他们可以想象，但并不指望能得到。

他们在等着你提供的联系，能够看到和被看到的能力。

他们在等着可能的张力，能够让事物更好的能力。

你的自由

你有自由去改变你讲的故事，你可以生活在一个不同的故事里，这个故事是为了那些你寻求去服务的人打造的。

你有自由去改变你如何度过一天，你可以将任务外包，鼓起勇气去做情感方面的工作，也可以爬高枝去做其他人都没在做的事。

我认识的最失意的营销人员，就是那些认为他们既然在某个行业里，也就没有了自由的人，他们把这个假设当作事实。

所以，房地产经纪人拼命争取在各种列表上的排名，所有房地产经纪人都是这么做的。

所以，医药代表们只是做一些非专业的广告，绕过了要去影响医生的界线，而不在意他们实际上有多少选择。

所以，我们都坐在了脸书这辆旋转木马上，在上面发送大量推文，一遍遍数我们的关注者数量，极力增加脸书上的内容，希望能够被注意到。其实，有那么多其他方法都可以造成影响、赢得他人的信任，我们却置之不理。

对于现今营销时用到的大部分方法，我们都已经习以为常，但就在几代人之前，这些方法还被认为是充满风险的创新。抛却我们过去积累下来的那些令人讨厌的东西，以更为慷慨大方的方法取而代之，这样做是值得的。

“更好”的自由

冰箱被普及之后，就没有必要继续雇用送冰的人了，再给这样的人付钱就不值当了。

超市运营模式突然获得成功之后，牛奶工的工作越来越不被人看重认可了。

我们过去做的事现在发生了巨大的变化，而我们所有的人都可以有所作为（一切尽在我们的指尖处，唾手可得），重新定义“更好”的概念。

因为“更好”正是我们的市场所期待的。

再回头看那个房地产经纪人的例子。他过去常常把数据都藏匿起来，如果你不花钱找一个房地产经纪人，你对于自己想要找的房子获得不了任何信息。在当今这个世界，住宅评估网站Zillow（美国一家提供免费房地产估价服务的网站，创建于2006年，主要向网民提供各类房地产信息查询服务——译者注）上列有1.1亿个房屋，购房者从该网站上获得的信息最少也与房地产经纪人一样多。

如果目标是为了维持现状，成为那个阻塞点，它需要令人筋疲力尽的冲刺，这样才能尽力领先于一直不断加速的技术和信息流。

但是，“更好”看起来是什么样的呢？不是在你看来，而是在客户看来！

这种改变对于我们很多人都是真实的，所以，我们的大部分工作现在都是借助网络的、自动化的、值得信赖的。在1994年的时候，我需要一个拥有8名工程师的团队和数百万美元的预算，才能把电子邮件发给一百万个人。现如今，任何一个人只要一个月花9美元，利用邮件订阅工具就可以做到。

十年前，想要一本书在全国范围内得以售卖，需要一个包括出版商、印刷商和销售人员在内的专门小组。现在，一个有电子版文本的聪明人就可以在亚马逊电子阅读器Kindle上出版一本电子书。

我们让“做”更简单，这正是我们为什么需要把这部分工作交给其他人处理，而把所有精力都集中在促使改变发生的困难工作上的原因。

关于过客感的最后一点

我们不是在编造我们的观点、梦想和恐惧，你也不是。

在政界，人们从很多年以前就相信，对立党派的人其实并不真的言而有信、言行一致，比如，巴里·戈德华特（20世纪60年代与约翰逊竞选总统失利——译者注）和简·方达（美国影视演员、制作人、模特、健身教练，1937年出生于美国纽约——译者注）都只是在表演给别人看。无神论者在内心深处其实是相信上帝的，而福音派信徒主要是在表明一种看法，而不是表达他们真实的信念。

同样，使用Mac系统的用户与支持Linux命令行之间也是如此，或者数学天才与那些坚持认为学不会数学的人之间也一样。

我们假定一个人不可能相信自己学不会数学，或者不可能支持那个愚蠢的政策，或者故意那样吃东西。

我们不是在伪造，你的客户们不是在假装，那些喜欢与你竞争的人也不是。

人们接受他们现在样子，如果我们能够承认这个事实，那么与他们共舞就简单多了。不要改变他们，不要让他们承认他们错了，而是简单地与他们共舞，找一个机会与他们建立联系，把我们的故事添加到他们看到的内容上，把我们的信念添加到他们听到的内容上。

CHAPTER SIX

第六章

商品之外

营销人员的职业使命就是造成影响，找到一个可以让自己潜在服务对象的世界变得“更好”的机会。

问题第一

高效的营销人员不会从解决方法着手干起，即使解决方法让他们看起来比其他任何人都聪明。相反，我们的第一步是找到我们想要服务的一组人，找到他们想解决的一个问题，以及他们愿意进行的改变。

市场上肯定存在空白，你提出的更好的方法能够促使一个广受欢迎的改变发生。这种改变不是战术上的改变，不是一个四分之一英寸的洞，甚至不是一个四分之一英寸的钻头，而是我们可以在情感层面上改变一些人。

我们的职业使命就是造成影响，找到一个可以让我们潜在服务对象的世界变得更好的机会。

是的，你有一个使命，以人们需要（或者想要）的方式为他们服务。机遇就是我们每个人都选择一条道路走下去，不是为了你自己的利益，而是因为它能给别人带来利益。

有效果吗

1906年，美国食品与药品监督管理局的前身成立，目的是为了打击一些产品，这些产品从根本上看是危险的。比如贝里家生产的祛斑软膏（Berry's Freckle Ointment）——这种化妆品很可能会让使用者生病，或者一种可以造成十二种不同程度失明的LashLure睫毛膏，引发了民众的愤怒，促使政府采取措施。

差不多50年后，产品质量仍然是需要碰运气的事，谁知道你的车什么时候就可能出现故障？

如今，我们把这些都当作理所当然的事。美国联邦快递公司的确可以做到将99%的包裹准时送达，汽车不会无故抛锚，化妆品也不会那么容易导致失明。你的网页浏览器很少崩溃，电几乎从未断过，乘飞机旅行的事故率从未像现在这样低过。

然而，我们仍然会说我们的技艺有多好，好像那是某种特别的例外。

很多人对于你做的事情都很擅长，可以说非常擅长，可能与你一样擅长。

你做过的工作和你拥有的技能应该值得赞扬，但是，这些还不够。

质量，满足明确要求的质量是必须的，但是不再足以满足客户的需求了。

如果你还不能保证质量，这本书可能对你没有什么帮助。如果你可以保证质量，那很好，恭喜你。现在，让我们先将此搁置一下，要记住，几乎其他所有人都可以保证质量。

关于商品空白

如果你制造的东西是别人也在制造的，你制造的东西可以在自由职业平台Upwork、亚马逊或者阿里巴巴上面找到的话，那你就痛苦了。

这种痛苦来源于，如果你想为在工作上付出的努力赢得不错的回报而将价格提高的话，那你很清楚，我们会直接去其他地方购买价格更优惠的商品或服务。

当所有东西的价格只需要点击一下鼠标就可一目了然时，我们又何妨多点几下鼠标呢。

夏天在沙滩上卖冰淇淋很容易。提高人们的期望，参与到他们的希望和梦想中，帮助他们看得更远，这才是我们需要下功夫的地方。

从现在开始，你的客户对你竞争对手的了解比你多，所以，不管你在自己的商品上投入了多少努力，你的工作都是不够的。

“你可以选择任何人，我们就是任何人”

想象一下如何在市区支一个擦鞋摊。

一种方法是找一个你能付得起租金的最好位置，然后给任何一个需要擦鞋的人提供服务。

但这种方法有问题。

第一，如果任何人都可以用你擦鞋的方法给人擦鞋，那么这条街上哪怕只有一个竞争者，也可以抢走你一半的生意——如果对方降价的话，抢走的生意会更多。

第二，也是更重要的一点，没有人需要擦鞋。这是一种可有可无的想要，而不是一种需要。

那人们为什么要买你的服务呢？

或许那个客户想要看起来更精神一些，看起来像他父亲那样，或者看起来像迈克尔·杰克逊一样，这让他感觉很好，更加自信，更有可能做出贡献，感到充满力量。

或许这个客户喜欢被人服侍的地位感。每周一次，他要坐到一张椅子上，让一个穿着考究、恭敬有礼的手艺人为他服务，让他看起来更加尊贵。

或许你的客户是某种意义的代表，除非这件事是像他这样的人应该做的，不然他才不会坐到那里。而且他不会随便选择一个擦鞋者，而是指定只要这个擦鞋者，在这个公共的地点，让这个受人尊敬的手艺人为他服务。

对手艺人来说，所有这些优势、故事和转变都是可以实现的，只要他决定造成影响。

知道这是客户告诉你的故事是不够的，你仍然不得不对其产生作用，打开可能性的大门，围绕那个故事，把所有可以获得的经验组织起来。

正是这么做，才会让人们理解你是与众不同的，理解你的工作会让世界变得更好。

当你知道你代表的是什么，就不需要竞争

营销工艺经常被工业化，但讲故事的元老级人物伯纳黛特·吉瓦已经写了六本非常卓越的书籍将营销工艺拟人化。

在《故事驱动》（*Story Driven*）一书中，她非常明确地指出，如果我们只是想填满市场上的一个洞，那我们注定只能重复别人已经做过的事。我们只是制造业里的一件商品，总是小心翼翼地提防着竞争对手。我们别无选择，只能盯着这件商品在市场上够不够，只想着维持或者有可能提升一丁点市场占有率。

一种可行的方法就是去寻找、建立和赢得你的故事，以及你促使发生的变化的轨迹。这是一种具有生产力的姿态，建立在可能性的基础上，而不是基于稀缺性。

既然已经选择好了你的听众，你想带他们去哪里呢？

伯纳黛特列举了好故事共有的十个特点，如果你说给自己（和他人）的故事没有做到这十个方面，你可能需要继续深挖，找到一个更好的故事，一个更真实、更有效的故事。好故事的十个特点是：

1. 将我们与我们的目的和事业愿景联系起来。
2. 允许我们通过记录自己如何一步步走来而庆贺我们的优势。
3. 加深我们对自身独特价值和为何能够与众不同的理解。

4. 强化我们的核心价值。

5. 帮助我们结成联盟，做出基于价值的决定。

6. 鼓励我们应对客户，而不是市场。

7. 吸引这样的客户——他们愿意支持能够反映或代表他们价值的事业。

8. 建立广泛的忠诚度，给客户们一个可以讲述的故事。

9. 吸引我们想要的志趣相投的员工。

10. 帮助我们保持积极性，继续做我们引以为豪的工作。

但你的故事是一个钩子

你的故事是一个钩子，而且你被挂在了上面。

一旦你讲出你的故事，决意帮助人们改变，带着他们开启一段新的旅程，那么你就被钩在上面，没有退路了。

你不得不进行传递。

不得不关注接下来会发生什么。

有人会疑惑，我们为什么不能选择为普通人造普通的东西。如果你所做的一切都只是为了提供一个选择，那注定是一条低风险的道路。要么选择这条路，要么直接离开。

然而，伟大的营销是一种慷慨大方、大胆创新的工作，传递的意思是“我看到了一个‘更好’的选择，跟我来”。

案例分析：Stack Overflow更好

如果你是一名程序设计人员，你肯定去过Stack Overflow网站（一个与程序相关的信息技术问答网站。用户可以在网站上免费提交问题，浏览问题，检索相关内容等——译者注）。运营这个网站的公司是营利的，共有250多名员工，每周需要处理数百万次的访问。如果你有问题，很可能在这个网站的某个论坛上就能找到答案。

该网站为程序员们节省了时间与精力，对于那些成千上万的自愿者来说，这也是一个追求兴趣、施展特长的地方，那些自愿者为网站内容做出了很大贡献。

网站的创立者是乔尔·斯波尔斯基，他是如何做到让更好的网站出现的呢？

21世纪初，曾有一个编程论坛叫“求问专家”（Experts Exchange）。该论坛的运行模式简单明晰：他们把常见的编程问题的答案贴在论坛上，但访客必须付钱才能看到答案，订阅该论坛的费用一年需要300美元。

为了扩大生意，他们找到了一个稀缺的切入点，访客可以免费看到问题，但必须付费才能看到答案。

为了增加浏览量，他们通过展示答案欺骗原始的网页搜索谷歌机器人（这给他们带来了很可观的搜索流量），但当人们打开网站后，信息又被打乱，答案被隐藏起来，直到人们订阅该网站才能看到。

“求问专家”通过挫折创造利润。

乔尔与他的合伙人——程序设计者杰夫·阿特伍德一起想出了一个不同的模式：让访客可以看到问题，也可以看到答案，并让招聘广告为此买单。很多很厉害的编程人员都会到这个网站提出问题，给出答案，要招聘优秀的编程人员，还有比这个网站更好的地方吗？

一路走来，乔尔发现创造更好的产品意味着以不同的方式对待不同的人，给每一个支持者讲述的故事都与他们的世界观和需求相匹配。

对于节奏匆忙的编程人员而言，乔尔让他们很容易找到一个问题和回答这个问题的最佳答案，因为答案是按照质量排序的，所以编程人员不需要浪费时间去寻找最好的答案。

他意识到，每一个问题都有一千个人想要答案，他没有给提问者设置挫折，而是给他们提供便利，把他们想要的东西给他们。

但答案是不一样的，所以他将答案建立成一个社区，一个排列系统，一系列的等级，这样就可以对答案进行排序，建立答案的声望，从而掌控社区。

张贴招聘广告的人又有不同，他们想要通过一种快速、高效、自助的方法找到最佳人选。没有强行推销，没有分散注意力。

乔尔不想在个人网站打上他私人的烙印。他一开始就是为了提供服务，提高效率，告诉人们一个他们想要和需要听的故事。

他打造了更好的东西，让核心受众不仅令更多的人知道，还让他们做了外行人可能会认为是工作的事情。

“更好”是使用者说了算，不是你说了算

谷歌现在就“更好”。

它过去比必应“更好”，比雅虎“更好”！

“更好”在哪里呢？

搜索出来的答案没有明显的“更好”。

搜索本身也没有快很多。

它“更好”的地方在于其搜索引擎不会让你感觉自己很笨。

雅虎在其主页上有183个链接，谷歌只有2个。

谷歌突出的是自信与清晰，这个是无法打破的。

所以谷歌当时是“更好”的一个选择——对一些人来说。

现在，DuckDuckGo（互联网搜寻引擎，其总部位于美国宾州，强调在传

统搜索引擎的基础上引入各大Web 2.0站点的内容。其办站哲学主张维护使用者的隐私权，并承诺不监控、不记录使用者的搜索内容——译者注）“更好”，因为它不是一个大公司的一部分，它不会跟踪你，它与众不同。

所以DuckDuckGo是现在的一个“更好”选择——对一些人来说。

“我们还提供咖啡”

直到一场大火让位于波士顿的三叉戟书店咖啡馆（Trident Booksellers and Café）暂时关门（实际上是洒水装置，而不是咖啡壶造成的损失），这之前这家书店咖啡馆一直都是美国最火爆、最成功的书店之一。

不管亚马逊上卖的书多么便宜，数量多大，三叉戟书店咖啡馆生意依然火热，因为他们做到了一些亚马逊做不到的事——他们提供咖啡。

如果你经营一家零售店，而网上也有类似的零售店与你竞争，“我们还提供咖啡”是一个不错的标语。

那是因为咖啡“更好”。

咖啡可以创造第三个地方：聚会的地方、联系的地方、追梦的地方。

所以，三叉戟书店咖啡馆实际上是一家卖书的咖啡店。

我们刚刚买的书是我们今天相互交往的纪念品。

真实的、脆弱的英雄

你一定听说过这样的故事：一个女人带着完全的自我和内在的真实出现，准备好去承受世界的各种厄运灾难，这个世界没有打倒她，直到她最终被打倒，这些灾难才开始庆祝。

这是一个神话。

这是一个危险的神话。

有几个例外可以证明这个规则，但一般而言，事实是我们需要那些愿意服务他人的人。

为他们想要促使发生的改变提供服务。

愿意讲一个故事，这个故事与他们这些服务对象的故事相呼应。

可能会有重叠，可能是你此时此刻的感觉，但也有可能不是。你所展现出来的那个版本的你可能有好几个层次，但不可能每时每刻都是全部的你。

一个专业人士扮演一个角色，尽力做最好的工作，不管是哪一天，是医生还是客户。

当詹姆斯·布朗（James Brown，美国黑人歌手，被誉为美国灵魂乐的教父，说唱、嘻哈和迪斯科等音乐类型的奠基人——译者注）在舞台上双膝下跪的时候，他筋疲力尽，需要他的随从们将他唤醒。那是精湛的舞台表演艺术，不是真实的表现。毕竟，每天晚上都会发生这样的事。

当咨询师通过一整天耐心的倾听改变人们的生活时，他实际上可能是很有耐心的，但更有可能的是，他只是在做自己的工作。

当星巴克的咖啡师对你微笑并祝福你一天都开心的时候，他只是在呈现，而不是在展露。

那样很好，因为展露并不是更好的样子。展露是为你的家人和最亲近的朋友保留的，而不是用在市场上。

保护你自己，明天还需要你。

服　务

营销行为（选择行为这个词很有意思）是为那些在乎的人做出的慷慨行为。詹姆斯·布朗和咨询师明白，在市场上展露真实是一个神话，市场中的人们想要的是被理解、被服务，而不是观看在那个时间内你想要做的事。

当我们把工作做到最好的时候，我们的责任并不是为自己做这样的工作，而是要把最好的工作带给我们想要服务的人。我们为他们保留我们最好的工作，而不是为我们自己。就像一个米其林三星级的主厨并不会为自己做一顿含有12道菜的晚餐一样，我们也不希望（或者欢迎）你把你的每一份不安全感、内心的忧虑和迫切的需要都带给我们。

你步入市场的目的是服务。

真实性与情感劳动的对抗

情感劳动就是做我们不喜欢做的工作，就是当我们内心畏缩的时候还必须面带笑脸，或者因为知道与某人打交道会带给你非凡的影响，所以你会控制住自己严厉责备这个人的冲动。

需要少量的能量和勇气才能做到真实。你需要足够自信，才能让你真实的情感展现出来，因为你知道，如果你被拒绝了，那只是个人的事。

但也有很多东西需要隐藏——不让它在促使改变发生这样的重要工作中展现出来。如果你所做的只是跟随你的默想，可能会发现这种默想其实是胆小鬼的表现，让你偏离重要的工作。如果真实的你是一个自私的笨蛋，请把他留在家里。

如果你需要做真实的自己才能做最好的工作，你就不是一个专业人士，而是一个幸运的业余工作者。幸运，是因为你可以做你想要做的人，而这么做实际上可以帮助你前进。

对于我们这些人，我们有成为专业人士的机会，可以让我们进行情感劳动去寻找共鸣——想想其他人想要什么样的同理心，他们可能相信什么样的同理心，以及什么故事会引起他们共鸣的同理心。

我们这么做不是因为那一刻我们想这么做，我们进行这种消耗人情感的劳动，是因为我们是专业人士，我们想要促使改变的发生。

情感劳动就是我们为提供服务而进行的工作。

谁在说话

你收到一封来自一家公司的邮件，邮件是用第二人称写的，但你看不到人脸，其实邮件背后藏着某个人。这么做很聪明，但也不真实。我们从邮件中感受不到联系的建立，处处洋溢着形式主义的影子。

相反，如果一个人进行情感劳动来做某件事——“给，我做的这个”——那样的话，联系和成长的大门就打开了。

最成功的组织并不是总有一个卓越的领导者，或者在每一封信上都有签名，但是，他们的行动却让人感觉如此。

“给，我做的这个。”

这么做的目的不是为了让产品私有化，而是让产品更具有个人色彩。

CHAPTER SEVEN

第七章

梦想和渴望的画布

请记住，我们售卖的是情感、地位和联系，而不是某项服务或某个东西。

不管是在学校还是在工作单位，你所学到的是，要做好一件事都需要符合规范、完成任务、获得优秀、为实现具体的工作目标而做具体的事。

“你是做什么的”这个问题问的是任务，一个可以测量的、可以购买的东西。

看看下面这则美国政府关于某种工作的描述：

缝纫机操作员；级别：6

> 能够装配和使用各种家用和商用电动缝纫机以及相关特殊用途的机器，如开扣眼机、绷线机、臂式送线机等。
>
> 在口头或书面指导下，使用可以接受的方法、技巧和程序，独立做出判断和决定。能够在较长时间搬动重5公斤（10磅）的东西，偶尔需要搬动9公斤（20磅）重的东西。工作环境光线充足，温度适宜，空气清新，能够接受割伤和擦伤。

这是一份关于工作的描述，而不是一个梦想或渴望的描述。虽然描述地很具体，但可以有很多其他词汇来表达这个意思。

金钱也是一个道理，20美元的纸币是没有意义的，我们工作的目的是为了能够用这些纸币买到的东西。

你的产品或服务也是如此。你或许会说你提供的是一个小装置，但不要这么认为。如果你营销的目标是改变，就需要提供一个新的情感状态，一个距离你客户的梦想和渴望更进一步的步骤，而不是一个小装置。

我们售卖的是情感、地位和联系，而不是任务或东西。

人们想要什么

如果你问人们这个问题，很可能找不到你想要的答案，你当然不会有突破。我们的工作就是观察人们，弄明白他们梦想的东西，然后创造一个交易来传递那种感觉。

这些人没有发明T型发动机轿车、智能手机或者唱片机，也没有发明美国捷蓝航空公司、城市面包店或者慈善集团，甚至连水都没有。

众筹融资是一方面，但这些人并不擅长发明突破。

有三个常见的容易混淆的事情，我们很多人都分不清楚。

第一个是，人们分不清想要和需要。我们需要的是空气、水、健康和可以遮风挡雨的房子，基本上其他所有东西都是想要的。如果我们有足够多的特权，就会认为我们想要的其他东西实际上也是我们需要的东西。

第二个是，人们非常熟悉自己想要的东西（他们认为那是他们需要的），但又非常不擅长想出新的方法来满足那些欲望。他们经常喜欢用一种熟悉的解决办法来满足自己的欲望，即使这种办法不是那么有效，一提到创新，他们就停止不前了。

第三个是，错误地认为每个人都想要同样的东西。事实上，并非如此。早期适应者想要新的东西，落后者想要永远不会改变的东西。有些人喜欢巧克力口味，另一些人则喜欢香草口味。

具有创新精神的营销者发明处理老情绪的新办法

在地球上生活着大约70亿人口，每个人都是独一无二的，都有自己与众不同的欲望、需要、痛苦和喜乐，但在很多方面，我们都是一样的。我们的梦想和渴望大同小异，只不过是比例不同，但有很多重合的地方。

下面的清单是最基本的一个清单，我们每个人在表达自己的梦想和忧虑时，都会从这个清单中寻找词汇：

冒险	安心	奢侈
归属	活动的自由	安全保障
喜爱	可靠性	怀旧
社团	友谊	性
避免新东西	尊重	顺从
控制	高颜值	力量
创造力	报仇	参与
身体活动	健康	同情
喜悦	浪漫	宁静的心境
权力	学习新东西	紧张
表达的自由	安全性	

你可能可以再增加10项，但增加50项的可能性几乎为零。我们的梦想与渴望集合的核心，对于营销人员来说，就像画家使用的最基本的色彩，伟大的作品都是用这些基色描绘出来的。

这就是我们开始的地方，带着我们的声明。声明讲的是我们的受众——我们需要服务的对象想要和需要的东西。声明讲的是他们早上醒来时脑子里在想的东西，当没有人偷听时他们谈论的东西，在晚上入睡前能够记住的东西。

然后，我们要做出新的声明，讲的是我们的故事和承诺如何与这些梦想与渴望相互影响并发生作用。当某些人遇到我们的时候，他们能够看到我们看见的东西吗？他们想要我们认为他们想要的东西吗？他们会采取行动吗？

不要一开始就说你的机器、你的存货清单或者你的战术。不要一开始就说你知道该如何做的事情，或者某些会分散使命的东西。相反，一开始就要谈论梦想与忧虑，时刻记着你的客户追求的情感状态与改变。

没有人需要你的产品

说“人们需要一个白色的皮钱包”是没有意义的，因为：

1. 人们不需要一个钱包，他们可能想要一个，但那是不一样的。

2. 人们可能决定他们想要一个白色的皮钱包，但并不是因为它是白色的或者它是皮质的而想要一个白色的皮钱包，他们想要一个这样的钱包，是因为这个钱包带给他们的感觉，这就是他们花钱买的东西：一种感觉，而不是一个钱包。你在生产一个钱包之前，想清楚这是一种什么感觉。

营销人员促使改变的产生，我们把人们的情感从一种状态改变为另一种状态。我们带着人们开始一段旅程，我们一点一点地帮助他们成为他们梦想变成的人。

没有人愿意给房地产经纪人打电话

事实不见得如此，虽然房地产经纪人希望这样的通话能够充满欢乐，但情况经常大相径庭。

客户们百感交集，他们：

害怕，

紧张，

宽慰，

迫切想要开始，

担心搬家，

因为金钱感到压力很大，

考虑搬家对他们的地位是提升还是降低，

忧虑未来，

担忧孩子。

房地产经纪人是这些客户走向未来的一个减速带，他们说的大部分内容都只是噪音，暂时安抚的手段，因为不管他们说什么，价格都是一样。

根据房地产经纪人协会给我提供的数据来看，80%以上的人在选择房地产经纪人的时候，都会选择第一个回他们电话的经纪人。

考虑到这一点，对一个想要做得更好的房地产经纪人，我会问下面几个问题：你会选择如何出现？你会向对方做出保证并安慰对方吗？你会继续深挖和打探客户信息吗？你会说你更好、更快、更体贴吗？

就像没有人需要一个钻孔的钻头一样，也没有人需要一个房地产经纪人。客户需要和想要的是通过经纪人带给他们的东西，获得这些东西给他们带来的感觉。

这同样适用于服务员、豪华轿车司机或者你……

就像房地产经纪人一样，我们大多数人做重要工作的时候，都是在做情绪的工作，而不是商品。

那只生气的熊在哪里

当有人没有像你期待的那样行动时，你要去寻找他们的忧虑所在。

当你认为你会被一头北美洲灰熊吃掉的时候，再去谈论梦想是非常困难的，即使（或者尤其）这头灰熊只存在于你的脑子里。

你想要什么

让我猜一猜，你想被尊重、成功、独立、适度忙碌或者有一点名气。你想做让你引以为豪的工作，为你在乎的人做这份工作。

那个清单上不会列出什么？比如，你需要拥有某种颜色的汽车、你不得不将东西放在六英寸宽而不是七英寸宽的包裹里卖掉，你想要客户名字的拼写不少于六个字母。

这些细节没有那么重要，就像你的客户需要提升他们的情感状态——从忧虑转移到具有归属感一样，你也需要这样的提升。

这个提升的空间非常大，有着很多不同程度的自由。

遵从商业的某些真理是有帮助的。如果你想独立，很可能你需要拥有巨额财富或者享有盛名。如果你想比较富足，很可能你需要给合适的人传递足够多的价值，让他们能够为此开心地向你支付金钱。如果你想以你的工作为荣，很可能你需要避免恶劣的价格竞争，不要诋毁产业文化。

但在这个框架范围内，还是有很多空间的。你可以在这个空间里向深处挖掘，决定你想要促使什么样的改变发生，如何以及为谁去服务。

或许，这是你反思自己优势所在的好时机，再列举一下你的所有优势，看看能否发现新的切入点，找到新的启示，做出新的承诺。找到那些值得你提供服务的人，找到那个值得使其发生的改变。

总是在测试

我们很容易就会为每个人生产一个无聊的产品或提供无聊的服务。

无聊，是因为无聊不会被批评，它符合规范，不会造成紧张。

每个人，是因为如果每一个人都很开心，那就没有人是不开心的。

问题是，一个充满开心的人的市场是静止的，因为他们不想变得更好。

新颖和无聊很难共存，所以喜欢无聊的人们不会去找你。事实上，他们总想着回避你。

如今社会运转的速度越来越快，要求我们不断测试，加以抵制不去创造无聊，因为这种运转是受这个事实驱动的，即我们可以为之服务的人们只能是充满好奇的、对现状不满意的或者是感到无聊的。其他所有人都不在这个选择之内，都不会关注我们的产品或服务。

好消息是，有两件非常了不起的事情发生了，这给向所有人售卖一切东西的方式带来了重大改变。

1. 创造一个原型限量运行比以往更加便宜、更加快捷，这对非营利机构和生产商或者服务商来说都是如此。

2. 找到早期的采用者，与希望获得你消息的人们建立联系也比以往任何时候都更便宜、更快捷。

这就是说，每一名营销人员都承担着以下责任：做出一份声明、阐述一个承诺、选择你的极端、找到你想改变的人、带着你的产品或服务出现。

你愿意的话，就把它叫作测试吧。

现实生活就是如此。

现实生活就是与可能的事物接触，与想要进行改变的人一起努力。

总是在寻找、参与、解决、声明、相信、观看，还有测试。

另一种理解就是：总是错的。

好吧，并非总是如此，有时候你可能是对的。但是，大部分时间你都会是错的。这没关系。

剪贴簿

一开始就犯错是很累人的，对于特别彻底、激进的创新，其投资并没有高回报，只会把你累垮。

剪贴簿是一个很有效率的方法。

当你想设计一个网站、一个邮件广告或者一个新产品的时候，就可以从剪贴簿做起。

找到你认为与你建立联系的人喜欢和信任的东西：字体、价格、赠品、形象、界面……把它们剪下来，将它们按照最初的不可分割的文化特性进行分解，然后在此基础上重新建立一些新的东西。

整合你的网站、播客系统或者新项目时，你也可以这么做。找到对你和你的受众都很重要的指向标（也就是极端），把它们重新组合成一个新的东西。

你必须要收十倍的钱

价值30美元的按摩与价值300美元的按摩有什么区别？

什么可以让一本书值200美元？什么可以让宾馆的房间一晚上值1,500美元？什么可以让一个人为慈善捐款500美元，而不是50美元？

“大同小异”是错误的答案。

为了能够大幅增加受众的人数或提高你的定价，你需要做更多的工作，而不只是简单地延长工作时间，或者打断更多的人。

我们不会为了更多的言语、更大份的炸薯条或者更响亮的音响而付十倍的钱。

让客户心甘情愿付十倍价钱的必须是一个不同的极端、一个不同的故事、一个不同种类的稀缺产品才行。

极少的不可抵挡是简单或者理性的

菲奥纳家商店门口经常有排队的人。

这不奇怪，他们的冰淇淋很美味，各种配料含量很多，华夫蛋筒成本不到3加元。而且，卖冰淇淋的人总是对你微笑，笑容灿烂。

这令人无法拒绝。

当然了，一旦吃完一根，你就会开始闲逛，在水边转转，或许会开始制订明年的休假计划。

欧平尼康湖，渥太华附近一个可爱的小度假村，收费比一根冰淇淋高多了。一个工商管理硕士团队在做市场分析和损益报告时认为，可能成本大约为8美元，这才是投资回报最高的地方。

但他们不是在卖冰淇淋蛋筒的行业里，冰淇淋蛋筒是一个象征、一个指示标、一个参与的机会。

如果把什么都做成电子表格，你可能做出一个理性的计划，但这个理性的计划并不能创造能量、魔力或者记忆。

斯蒂伦纳德杂货店是一家有着深刻印记的小型超市，汤姆·彼得斯（在美国乃至整个西方世界被称为“商界教皇”，顶级商业布道师，主要代表作《追求卓越》被称为“美国工商管理圣经”——译者注）为这个店做过简介，它是同类超市里每平方英尺销售量最高的一家。到斯蒂家购物代表了一种体验，几乎可以把它当作一个游乐园，里面有着非凡的服务，巧妙的销售规划，以及有意思的产品可供选择。随着公司扩展到更多的商店，商店所有者也换成了新一代的年轻人，他们似乎更关注短期利润，不那么在乎魔力。在一段时间里，利润增加了。但现在，一年一年下来，超市不再像以前那么拥挤，那么充满活力，不再那么有意思了。所以，每当附近新开一家超市，他们就会失去一些客户，再失去一些，最后，人们开始想："我最初为什么要来这里呢？"

或许不是因为这里商品更便宜，但要说出什么"更好"也很难。然而，有一点毫无疑问，那就是一家欣欣向荣的企业的全部灵魂在于成为不可抗拒的非理性追求。

CHAPTER EIGHT

第八章

再谈客户：找到最小有效市场

如果小范围的事你都做不成功，为什么会相信大范围的事自己就能成功？

良性循环和网络效应

每一个优质客户都会给你带来一个新的客户。

不会传播消息的客户不值得争取，比如沉默的客户、嫉妒的客户、那些认为需要把你当作一个秘密的人……你不可能在一个死胡同里开展你的工作。

你最好的客户会成为你的销售人员。

消息传播的时候，你想要改变文化的工作才能繁荣发展。如果要让更多的人知道，你需要建立一些东西，当更多的人知道它们的时候，这些东西会更好。

这就会造成你想要的积极循环，这样的循环会促使改变发生。

最有效的非凡来自设计

传真机的发明在当时非常了不起，传真机出现的消息能够让更多人知道，不是因为一场精明的广告宣传，而是因为使用者选择谈论它。

为什么？

因为如果你的同事也有传真机的话就更好了。

鲍勃·梅特卡夫发明以太网的时候就体验到了这一点。美国三康公司（3Com，美国设备提供商，提供安全产品、集成语音设备和针对各种规模企业的数据网络解决方案——译者注）最初提供的服务是允许三名用户的个人电脑共享一台打印机，那是边际收益，没有多少需要谈论的。

但是，一旦使用者开始共享数据，一切都改变了。你只能处于两种状态中的一种：在网上或者不在网上。如果你被孤立了，即不在网上，那是很痛苦的。加入网络的人越多，谈论这个网络的人就越多，这会让不在网络上的人更加痛苦。

梅特卡夫法则最初的坐标上只有两条线，直线表明，网络上每增加一个人的成本上升缓慢，而曲线表明，网络上每增加一个人带来的价值却以指数级增大。

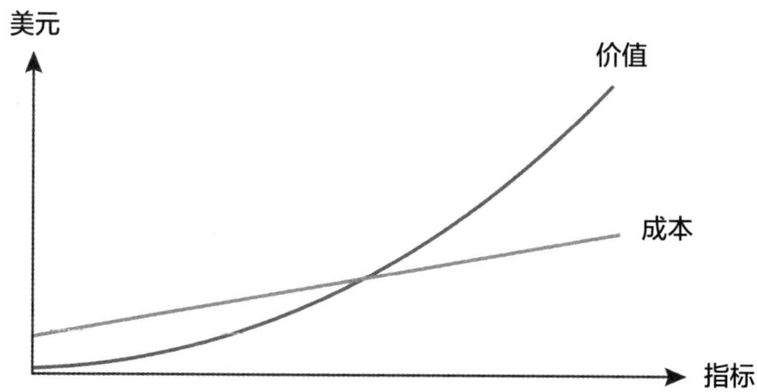

这个简单的网络效应是每一个群众运动和每一次成功的文化变革的关键核心。如果关于你的改变的故事里直接设计了非凡，更重要的是，当我与其他人一起使用产品或者服务的时候会更好，这个效应就会发生作用。

我想与同龄人进行的对话成了成长的发动机，成长会带来更多的价值，价值又会带来更多的成长。

“然后，奇迹就发生了”

有一个与客户打交道的真理，那就是谨记奇迹不会发生。

传统营销人员的梦想是能够转变一个产品，一个正常的、普通的、“还可以”的产品或者服务，手头上有的产品或者服务好像也没有发生什么特别的变化，那就把它转变成受欢迎的吧！

这个梦想就是利用公共关系，利用天花乱坠的广告宣传，利用促销，利用分发商品，利用广告资源，利用影响力营销，利用内容营销，利用电邮广告……让产品或者服务能够成为“流行的”东西，每个人都想要的东西。它能够受人欢迎，正是因为它很受人欢迎。

但是，你现在再不会被这欺骗了。

当然，时不时地会诞生一个超级巨星，但大多数时间，这种方法只会导致失败，而且是造价不菲的失败。

可行的办法是去寻找一条途径，而不是制造一个奇迹。

踏上那条途径的第一步就是吸引客户。

我想知道你的风险投资公司支持的硅谷创业公司的情况：有多少人离开总部之后还会每天使用它？他们多久给你发一次改进的建议？

我还想知道：有多少人在坚持让他们的朋友和同事也使用它？就像现在一样。

他们热爱它吗？因为他们爱你，所以他们爱自己会不会更多一点？

你刚开业的那家餐馆有多少人会每天晚上不间断地到你那里去吃饭，而且每一次都会带一些新的朋友？

或者在农贸市场的那个摊位，或者你刚起步的那个非营利组织，或者你在当地提供的儿童看护服务，如果它消失了，谁会想念它？

如果小范围的事你都做不成功，为什么会相信大范围的事自己就能成功？

一千个真正的粉丝

在2008年，《连线》（*Wired*）杂志的创刊编辑凯文·凯利写了一篇文章，描述了最小有效市场的简单真理。

对于独立知识产权的创作者（歌手或者作家），只要有一千个真正的粉丝，就足以过上十分体面的生活。

正如凯文所说，“一个真正的粉丝会购买你生产的任何东西，这些铁杆粉丝会驱车20英里来听你唱歌，会购买你著作的所有版本——硬装本、平装本和音频版本，会购买你的下一个小雕像，会购买你在 YouTube免费频道上的‘最佳’DVD版本，会每月来一次你的主厨餐桌。有大约一千个这样真正的粉丝（也被称为超级粉丝），你就可以作为营生，如果你的目标只是生活，而不是赚大钱的话。”

就是这样的一千人会在众筹网站上支持你，或者第一天就购买你在助力实现创意梦想的群众募资网站上发行的新项目。这样的一千人不仅关注你的工作，还会将消息传递给他们身边的人。

对于大部分想造成影响的人而言，最困难的不是赢得大众市场，而是微众市场。在实现获得50个或者100个真正的客户——如果他们离开，会想念他们的客户之前，他们鞠躬将自己卷成个花卷，努力取悦无名大众 。

梦想成为卡戴珊家族（纽约知名的名媛家族。卡戴珊家族在美国体育圈和娱乐圈享有很高的声望和地位，被称为娱乐界的肯尼迪家族——译者注）的一员可能更让人心里感到安慰，因为对几个人很重要是最有效的。

那么，《汉密尔顿》呢

《汉密尔顿》的成功就证明了这个理论，它的成功不仅证明了一个创作者超越现状的胜利，而且还代表了单一努力与艺术充满魔力的讲述，这个故事可以改变一切。

然而，有一年多的时间一晚上只有几百个人来看《汉密尔顿》。

即使它在纽约全力以赴打破百老汇的纪录时，也只有几千个人来观看。

即使它在像芝加哥一样的城市只是改变了文化的一小部分，观看过它的人也不足美国人口的1%，它畅销的原声唱片也就只卖出了几十万张。还有一本相关的书籍，让人惊讶的畅销书，也就只卖出了几十万本。

我们的受欢迎不再是以前那样的轰动了，而是对一小部分人很有意义，但其他人是视而不见的。

杰里会怎么做

我经常谈论感恩而死乐队的故事，然而，几乎没有人有勇气投入这种类型的服务，那才是联系的领导艺术。我十年前第一次写他们，但是，我们中很多人还是会掉入追寻行业排行榜前40的陷阱。

到目前为止，我已经购买了233张感恩而死乐队的专辑，总共包含超过500小时的音乐。

感恩而死乐队几乎是体现最小有效市场营销力量最完美的例子，值得花几分钟来解构他们的所作所为和做事方式，因为这会给我们现在的旅程带来很多有意义的内容。

尽管这个例子为人熟知，但音乐家、出版商、健身房老板、咨询师、大厨、老师，似乎都忘记了感恩而死乐队努力受到广泛欢迎却遭失败的关键教训。

首先，没有几个孩子在成长的过程中，想要组建一个像感恩而死乐队一样的乐队。感恩而死乐队只有一首位列音乐排行榜前40的歌曲，一首。

人们很容易认为这是一个古怪的嬉皮士乐队，这个乐队有粉丝，真正的粉丝，这些人也很容易被贬低为古怪的嬉皮士。

然而……

然而，杰里·加西亚活着的时候，乐队的总收入超过3.5亿美元，即使他死后，收入也高达1亿美元。这个收入没有计算唱片销量，只是演唱会门票的收入，大部分的收入都是当门票平均价格只有23美元的时候实现的。

他们怎么做到的？因为真正的粉丝出现了，因为真正的粉丝会传播消息，因为真正的粉丝从来不会完全满足他们想要建立联系的需求。

下面是感恩而死乐队营销成功的几个关键因素：

- 他们吸引的只是相对很少的一部分听众，但把所有的注意力都集中在这些听众身上。

- 他们没有利用广播电台将他们的想法传递给大众，相反，他们通过鼓励粉丝为自己的演唱录音，依靠粉丝来传播消息，一个个传播开来。

- 他们没有指望让众多人来给予自己支持，而是依赖能够支持他们很多但为数不多的真正粉丝。

- 他们挑选XY坐标系上的极端（现场演唱会与完美的唱片，粉丝家庭的长期痴迷与广播电台的短期轰动），两个极端都占有。

- 他们让粉丝能够谈论和代表的东西很多，圈内人和圈外人都可以。

他们需要三样东西才能做到此事：

- 超凡的才能。一年146场演唱会，假唱是做不到的。

- 显著的耐心。1972年被一些人认为是这支乐队登峰造极的一年，但在那一年的一场典型表演现场，听众只有5,000个人。这个乐队用了十多年的时间，才获得“一夜成名”的成功。

- 古怪的勇气。看着僵尸乐队、大门乐队甚至海龟乐队卖出比他们多很多的唱片，心里肯定很不好受，当然这样的感受也只是一阵子。

在1972年，他们的坚持、慷慨和幸运，就像是一场意外，为他们带来了意想不到的成功。然而，如今在大部分行业（包括音乐行业），这类成功不再是一场意外。它是通往成功的最佳途径，而且在很多方面，也是最有回报的途径。

泰勒·斯维芙特不是你的榜样

想想斯科特·博切达，他是大机器唱片公司的老总，这个公司发行的歌曲有200多首被评为单曲排行榜冠军。这个数量是非常可观并让人惊叹的，他可以被称为世界一流的营销大师。

单单泰勒·斯维芙特的唱片，他就卖出了3,000多万张，泰勒·斯维芙特巡回演出的收入与感恩而死乐队的演出收入基本持平。

泰勒和斯科特都是制造热门的机器。

大部分市场都需要有人能够制造热门，对于目前的音乐行业来说，他们就是热门制造者。他们会看到，每一条长尾（代表小批量销售的大量商品的市场部分，与大批量销售的少量商品相比，被认为具有更高的金融价值——译者注）都会有一个短头，这个短头就是热门制造者所在之处。流行的东西对我们的文化发展与推广非常有用，但我们可以从中学到的是，有人要去制造热门，但很可能那个人不是你。

如果你能找到一本教材教你如何成为热门制造者，成为那个经常发起大众运动、改变中端市场的人，就努力去争取吧！

对于其他人，我们要走另一条路——一条关注联系、同理心和改变的道路。

所有的评论员都是对的（所有的评论员都是错的）

不喜欢你工作的评论员是对的，他就是不喜欢你的工作，这没有什么可争论的。

说没有人会喜欢你工作的评论员是错的，毕竟，你喜欢自己的工作，其他人也有可能喜欢你的工作。

这就解释了为什么亚马逊网站上每一本畅销书的评论区既有五星好评又有一星差评了。一本书怎么能既有五星又有一星呢？这本书要么好，要么不好。

不是这样的。

在《哈利波特与魔法石》的21,000条评论中，12%只给了一星。想象一下，也就是说每100名读者中就有12名说那是他们读过的最差的书之一。

这种极端式的双峰分布告诉我们的是，每一本畅销书都至少有两类读者群：一类是作者渴望的读者，他们有自己的梦想和信念，希望能将此与这本书融为一体；另一类是意外的读者，他们的满足来源于自己对这本书的不喜欢、讨厌，并将这种想法与其他人分享的过程。

这两类读者都是对的。

但哪一类都不是特别有用。

看反馈其实是在做一件既勇敢又愚蠢的事，我们想要被证明是错的，让人们说“你以为你做了很了不起的事，但你没有做到”。

如果我们不看反馈，而是问他们建议呢？

你可以这么说：“我做出了一件我喜欢的东西，我觉得你可能也会喜欢。我该怎么做更好呢？为了让它更加贴合你的世界观，你有什么建议呢？”

这不是让他们评论，也不是征求反馈意见，而是通过让他们提出对你有用的建议，你就可以更加了解你需要面对的那些人，帮助我们看到他们的忧虑、梦想和需要，告诉我们下一次如何进一步拉近与他们之间的距离。

很多人都可以告诉你你的工作给他们带来的感受。我们非常熟悉自己头脑中的各种杂音，常常会以个人和具体的评论将这种杂音表达出来。

但这种表达可能不是关于你的，也可能没有用处。

或许你听到的是某人的忧虑或者他们关于不足或者不公的故事。

人们分享自己负面的故事时，经常会夸大回应人群，将其普遍化，他们会说“没有人”或者“每一个人”会怎么感觉。但是，你真正在听的其实是一个特定的痛点，这个痛点只是在某个特定的时候被某个特定的作品触碰到的点。

这就是那个人为什么给出了一星差评，因为书到得晚了，没有赶上在孩子出生前举办的迎婴派对上用。或者为什么那个客户很生气，因为她在婚礼上的花费超出了她的预算。这些人的评论无法给你提供有用的建议，告诉你以后如何与像他们这样的人打交道。

我们有必要把自己从这种不加克制的情绪倾泻中隔离开来，然后甄选出对我们未来方向有用的实实在在的建议。

人们为什么不选择你

这也是一个不好做的练习，这个练习需要拉伸营销人员控制同理心的肌肉。

那些不从你那里买东西的人，不接你电话的人，嘲笑你创新的人，即使他们知道你的存在却仍乐意从你的竞争对手那里买东西的人……那些人……

为什么他们是对的？

为什么那些没有选择你的人做出不选择你的决定是对的？

如果你已经很努力地工作，对于那些人，你很容易会诋毁他们的判断，质疑他们的价值观，认为那些人要么所知不多，要么自私自利或者坚持错误执迷不悟。

先把这种想法放置一边，用上你的同理心，把下面这句话的空缺处填完：“对于那些想要你想要的东西（______）并相信你相信的东西（______）的人，你对______的选择是完全正确的。”

因为事实如此。

人们非常可能根据他们看到的、相信的和想要的内容来做出完全理性的决定。

如果你是一名职业教练，解释一下为什么没有雇用职业教练的人也做出了一个明智的决定，或者解释一下为什么请其他教练来指导他们的人也会做出对他们来说有意义的事情。

几年前，我参加过一个烹饪课程，那是一个朋友作为礼物送给我的课程。厨师正在教大家如何用小牛绞肉做一道菜，“有没有问题？”他问。一个学生冒失地举起手问：“用火鸡绞肉做这道菜可以吗？”

厨师带着厚重的口音嘲笑道：“你可以……如果你想让这道菜尝起来像土一样。”

当然了，他们两个人都是对的。

对于那个学生来说，选择火鸡而不是牛肉，表明他更在意是否容易买到、对身体健康的影响或者道德层面的规则，而不是选择厨师教的如何做出菜的味道。对于厨师而言，他对这道菜普鲁斯特式的记忆就是一切，竟然有人想到要替换牛肉，他认为这是对他努力工作的不尊重。

这就是为什么说上面这种情况下两个人都是对的。考虑到他们的身份、他们的希望和他们所了解的内容，每一个人都是对的，任何时候都是如此。

如果我们具有同理心，能够说出：“对不起，这不是为你准备的。去我的竞争对手那里吧，这是他们的电话号码。”这个时候，我们就可以找到做重要工作的自由了。

CHAPTER NINE

第九章

像我们一样的人做这样的事

人类行为主要受一个问题的驱使：“像我们一样的人做这样的事吗？”市场的核心被你寻求的改变所丰富和联系着，有机地与市场的下一层共享消息，这就是像我们一样的人。

深度改变很难，但值得去做

我们已经看到，每一个组织、每一个项目、每一次互动都是因为要做同一件事情而存在的——促使改变的发生。

卖出一次产品，改变一次政策，拯救这个世界。

作为营销人员和改变的代理人，我们几乎总是会高估自己促使改变发生的能力，原因很简单。

每一个人总是根据他们内心的故事做事情。

你无法让人们去做他们不想做的事，大部分时候，人们想做的事情就是行动起来（或者不采取行动）强化他们内心的故事。

那么真正的问题就是，人们内心的故事是从哪里来的？怎样才能改变这样的故事呢？或者，可能性更大的是，我们怎么利用人们内心的故事改变人们的行为呢？

有些人内心的故事可以让他们对于改变自己的行为抱有开放的心态（比如昆西·琼斯喜欢很多种类的音乐），但有些人却对这种改变持有很大的抵触情绪。

然而，对于我们大多数人而言，改变我们的行为主要源于我们想要合群的欲望（像我们一样的人做这样的事）和我们对自己地位的看法（从属关系和管理控制）。由于这两股力量经常会拉着我们保持原样，所以要改变它们必须付出努力。

一旦看到了这些力量的作用，你就能够以一种全新的方式引领文化了。这就像有人打开了灯，还给了你一张地图。

像我们一样的人（做这样的事）

你吃过蟋蟀吗？不是指吃过蟋蟀样子的松脆食品，而是说蟋蟀面粉。在世界上的很多地方，蟋蟀是人们获取蛋白质的一个很好的来源。

你吃过牛肉吗？尽管这是全球变暖最容易解决的原因之一，尽管牛肉对人类来说实在是一种效率不高的食物，我敢说读这本书的大部分人都曾在最近的一周午饭或者晚饭的时候吃过牛肉。

如果不考虑遗传的因素，如果我们不是天生就对蟋蟀和牛肉有一种注定的感觉，如果没有明确的原因非要从中二选一的话，为什么蟋蟀会让我们感到膈应，而牛肉却让我们感到饥饿（或者反之亦然）呢？

那是因为像我们这样的人吃这样的东西。

对于我们大部分人而言，从记事的那一天起，一直到呼吸的最后一天，我们的行为都主要受一个问题的驱使："像我一样的人做这样的事吗？"

像我一样的人不会偷税漏税。

像我一样的人拥有一辆汽车，我们不乘坐公共汽车。

像我一样的人有一份全职工作。

像我一样的人想去看詹姆士·邦德的新电影。

甚至当我们采取了局外人的行为，当我们做了大部分人经常不会做的事，我们仍然希望自己能够与局外人的行为形成结盟。

没有人不会关注和关心他身边发生的事，没有人是完全原创、完全自我引导、在每一个方面都孤立无援的。反社会的人可能会做一些与大众的做法相反的事情，但他们也不是意识不到大众的。

我们无法改变整个文化，但我们每一个人都有机会改变文化的一部分——我们生活的这一小部分世界的文化。

最小有效市场是有意义的，因为它将你改变一部分文化的可能性最大化。你市场的核心被你寻求的改变所丰富和联系着，有机地与市场的下一层共享消息，这就是像我们一样的人。

案例分析：蓝带

我所在小镇上的学校非常好（我们的小学曾获得全国蓝带学校的称号），但在预算投票表决上出现了问题，大家的意见不能达成一致。

镇上的很多人，尤其是长期居住者和第二或第三代在小镇上的家庭，不乐意提高教育税。其中一些人组织起来，导致学校的预算投票没有通过，这是人们记忆中的第一次表决。

在纽约州，学校获得了第二轮的投票，如果还没有通过的话，强制执行的削减是非常严厉的，可能会因为考虑不周的优先次序而导致一些非常重要的项目被裁掉。到下一次投票只剩下8天的时间，我们可以做些什么呢？

几个积极分子准备尝试一种新的方法，他们没有为支持预算大喊口号，也没有到处散发传单或者举行集会，他们把一百条蓝丝带系在了中学前面的一棵大树上，那棵大树就在镇中心。

不出几天，他们的想法就传开了。在选举前的那一周，整个镇上几十棵树上都系着蓝丝带，成千上万条蓝丝带在几十个家庭里的树上飘扬。

要传递的信息很简单——像我们一样的人，我们镇上的人，在蓝丝带街区的人，支持我们的学校。

最终，预算以二比一的选票通过。

内心的故事

我们不是在真空中做决定的——相反，我们的决定是基于我们对同伴的观念，所以我们会买价值700美元的婴儿车，因为我们聪明（或者，我们不买，因为傻子才会买）。

所以我们在当地农贸市场买东西（或者，我们不去农贸市场买东西，因为下雨，而且那里不卖奇多牌膨化食品）。

我们在足球场外骚扰电视台的女记者（因此丢掉我们的工作），因为我们看到我们的人就是这样做的。

我们穿亮粉色的衬衫、黄色的裤子，不穿袜子，因为我们告诉自己，这样穿很舒服（但大部分情况是因为我们想象中成功的自己就是那个样子的）。

所有这些都围绕着那个简单的问题而生："像我们一样的人做这样的事吗？"

正常化创造了文化，文化驱动着我们的选择，而我们的选择将正常化更推进一步。

营销人员不为普通人做普通的东西，营销人员做的是改变，通过将新的行为正常化来实现。

定义"我们"

在上一个时代，大众媒体十分努力地想把"我们"定义为"我们所有人"，即大众、美国人甚或世界人民。我们所有人从未完全成功过，因为种族主义者、惧外者和反社会的人总是划开一条线，不能包含我们所有人。

然而，他们的努力也很靠近成功了。"我想教全世界的人唱歌"，整个世界的商业化比大部分人预期的进行得更快、更深入。我们（大部分人）

都观看约翰尼·卡森的演出，我们（大部分人）都穿牛仔裤，我们（大部分人）都去上学，至少已经延伸到我们愿意看到的所有地方。

可如今，大众文化已经不再像过去那么流行。《广告狂人》只是在一个活动期内，在《纽约时报》几十篇文章上大肆宣传，但真正定期观看的人只占美国总人口的1%。如今的大众文化现象，比如可颂甜甜圈、农贸市场上的油炸奥利奥、新潮餐馆的生食月亮派——这些现象，如果你愿意四舍五入的话，基本上没有人再买。

我们现在已经从所有人就是每一个人，发展到所有人就是没有人。

但这也没有关系，因为文化、媒体和改变的长尾已经不需要每一个人，已经有足够多的人了。

哪些是我们

在“像我们一样的人做这样的事”里，“我们”很重要。“我们”越具体，联系越密切，“我们”就越紧密，越好。

作为营销人员、领导者和组织者，要做的第一件事很简单，那就是定义“我们”是谁。

当你说“像我们一样的人给这样的慈善机构捐款”时，很明显你不是在说给每一个人听的。不是每一个人都会为这项慈善捐款的，那么，谁会呢？

正确的答案并不是“捐款的人就是像我们一样的人”，那是捐款之后才说的话。我们需要更勇敢一点，表达更清楚一点，更愿意主动接触我们的市场，改变市场、改变他们的预期，而且最重要的是，改变他们选择去告诉和展示给彼此的东西。

同样的方法也适用在公司内部的会议上，你想将一个新的想法推荐给你的公司时，或者是你正在拨打的商业电话，或者是你想改变你执教足球队文化的方式中。

从我们开始。

不应该叫作“文化”

应该叫作“一种文化”或者“这种文化”，因为没有通用的文化，没有“我们”可以定义我们所有人。

意识到我们的工作是去改变“一种文化”，我们会感到很舒服，而且开始做两小部分比较难的工作：

1. 绘制并理解我们想改变的那种文化的世界观。

2. 将所有精力都集中在这个群体上，忽略其他所有人，集中于构建和实践一个故事，这个故事与我们努力改变的文化相呼应。

这就是我们进行改变的方法——照顾足够多的想改变一种文化的人，足够勇敢只选择一种文化。

正好足够的艺术

企业家亚历克斯·塞缪尔曾指出，美国捷蓝航空公司开始经营时，它只须比美国航空公司和德尔塔航空公司更时髦就行了。

但是，当维珍美国航空公司六年后开始运营时，它必须比捷蓝更时髦。这是一个不同的标准，毕竟，捷蓝当初已经很努力地做到时髦，时髦的边界已经被提高了。

我们文化中的所有东西，都是昨天、今天和明天这个等级制度的一部分，我们不可能一路跳着向前走。

比如，摄影术就是一个例子。过去，成为拍摄照片的摄影家很容易，以前的风格从技术层面来说很容易模仿，那很直接。但是，要想成为未来拍摄的领先者，则需要一个大的飞跃。飞跃到一种新的做事方式，只需要比以前好一点点，这一点点让人们从未想到就可以。如果飞跃得太远，大众也不会跟随。

案例分析：爱尔兰的同性恋合法婚姻

要让世界上第一个全民公决通过同性恋结婚的权利，一种方法是介绍自己的情况，聚焦公平、尊重和公民权利。

然而，这种理性的做法不会帮助你太多。

其他方法呢？布莉姬·怀特和她的丈夫帕迪都是年近80岁高龄的老人，做了一个关于他们儿子的视频，讲述了支持这次全民公决对他们的意义。

像我们一样的人。

有些人看到那个视频，很容易就会看到他们自己的影子，作为父母，作为传统主义者，作为爱尔兰人。

政治改变的实质几乎总是文化改变，文化的改变是横向的。

从一个人到一个人，从我们到我们。

精英与/或专用

马尔科姆·格拉德威尔曾指出，一个精英机构与一个独家机构是不一样的。

他们可以共存，但情况经常并非如此。

罗德奖学金是一个精英奖项，只有几个人能够获得该奖项，其他精英个人和机构都很尊崇这个奖项。

精英是一个外在的衡量方式，你在乎的那些人尊崇这个徽章吗？

但罗德奖学金（Rhodes Scholarships，是世界上竞争最激烈的奖学金，有“全球本科生诺贝尔奖”之称，其评定标准包括学术表现、个人特质、领导能力、仁爱理念、勇敢精神和体能运动等多方面——译者注）并不是专有的，它不是一个群体，一个拥有自己文化的联系密切的个人组成的群体。

独家是一个内在的衡量方式，是我们对他们，内部人对外部人。

地狱天使（1948年成立于加拿大坊塔纳的摩托车组织——译者注）不是精英，但他们是某些人独家专有的。

哈佛商学院既是精英的，也是独家的，海豹突击队也是如此。

我们在追求建造重要的东西时，很容易感到困惑。看起来好像我们应该努力把我们的组织建成精英式的，让《纽约时报》发表文章评论我们的歌剧是值得观看的，或者希望上层阶级的人会喜欢我们在场上的表演。

然而，事实上，只有独家机构才能实现改变。我们没有办法掌控我们的精英身份，它随时都有可能被撤销。但独家组织不一样，只要成员希望属于这个组织，独家组织就可以蓬勃发展，这是我们能够控制的。

独家组织的核心是一个简单的事实：每一个成员都是“像我们一样的人”。报名加入，你就会拥有独家组织成员的身份。离开，你就无法获得。

为了改变一种文化，我们从一个独家的团队开始，我们可以为这个团队提供最大的紧张氛围，建立最有用的联系。

案例分析：罗宾汉基金会

2015年，罗宾汉基金会筹集到了1.01亿美元。

筹资仅用时一个晚上。这是历史上同类基金会中最成功的一个资金筹集机构。

一些人看到这个结果，认为策略（一场晚会）是关键。但事实并非如此，关键在于那了不起的同伴压力，也就是像我们一样的人做这样的事。

罗宾汉基金会是纽约的一个慈善机构，捐款主要来自富有的避险基金和华尔街投资商。这个基金会用了一代人的时间，建立了人们对这次事件的预期，小心翼翼地传播早期采用者慷慨大方行为的消息，同时迎合华尔街宣传竞争的自大心理。除了几个匿名的捐款，几乎所有的款项都是一个简单的交易：拿钱买身份。

这个事件造成了紧张氛围。你在那里，跟你一样的人在那里，你的配偶也在那里，这就像一个竞拍会。当然这个起因是好的，通过一个举动，你就可以提升自己的形象，获得大家的尊重，在竞争中赢得上风。如果这正好符合你的世界观，你认为你可以支付得起，那钱就筹集起来了。

近年来，这个故事越来越趋于正常化了。这不是极端，不是为这个“我们”准备的，相反，这是我们做的。

这个过程的故意本质很容易被忽略，很少发生这样无意的副作用。

站起来鼓掌

带动大家站起来鼓掌需要多少人？

在TED演讲中，只需要三个人，如果比尔、阿尔和桑尼站起来了，其他成百上千的人也会站起来鼓掌。

在百老汇，不管演出过程中观众反应多么不冷不热，如果在剧院观众席有15个分散在不同角落的陌生人站起来鼓掌，大家可能就会被带动起来鼓掌。

但在那个超级棒的Mezzrow爵士俱乐部，这种情况很可能不会发生。

为什么会这样？

出席一些演出的观众都是熟人。我们彼此认识并且尊重身边的人，对这些人的信任，加上我们内心渴望融入的需求，共同促成了大家站起来鼓掌。

如果我想成为“我们”中的一员，领导者站起来，那么，我也会站起来。

另一方面，在一个彼此都是陌生人的场合，我们渴望融入的心理有一点不同。在百老汇剧院，我戴着游客帽子，像我一样的游客看我站起来，就会跟我一样站起来，这个场合是有偏见的。

但是，相反的事情在铁杆爵士粉丝中也是事实。他们知道爵士粉丝不会站起来鼓掌，至少在俱乐部里不会，那个场合的偏见是很难改变的。

根与树苗

下面是一个比喻，帮助大家更好地理解我们提到的一些想法。

你的工作就像一棵树，树的根存在于梦想和欲望的土壤里。不是每一个人的梦想和欲望，只是那些你寻求为之服务的人的梦想和欲望。

如果你的工作只是一个商品，或者对一个明显需求的快速回应，那么你这棵树的根就扎得不深，甚至你的树都不会成长，或者即使会成长，大家也不会认为它重要、有用或者能够独挡一面，这棵树会被其他相似的树挤出去。

随着树的成长，它成为社区的一个灯塔。在你寻求为之服务的人群中，那些早期采用者可以爬到树上，在树下乘凉，并且最后吃到树上的果实。这样，他们就可以吸引其他人。

如果你之前计划得周到，这棵树会快速长高，因为阳光没有被挡住——在这个区域几乎没有其他树。随着树的成长，不仅会吸引其他人，还会因为长得高而挡住其他相似的树争夺空间的努力（因为这棵树占有这个地区选择的最大优势）。

拿着一个盖形螺母出现，还期待有一群购买者，这是错误的。为那些在乎的人工作，是造成影响、获得成功最简捷、最直接的路线。

CHAPTER TEN

第十章

信任和紧张可以推动前进

人们不想感觉自己受到冷落、信息不足或能力不足，而是都想冲在前面，与别人同步，做“像我们这样的人”在做的事情，所有这些感觉都是在营销人员带着引起这些感觉的东西出现时才存在的。

模式匹配/模式中断

你要从以上二者中选出一个。

模式匹配是像往常一样的商业，当你带来的东西或服务与我们告诉自己的故事、我们讲述故事的方式、我们习惯的步伐、花销和风险等相匹配的时候，很容易就会把你添加到混合中。

想一想有几个孩子的家庭，他们已经习惯餐桌上不断出现各种早餐麦片，从可可脆米到谷类食品幸运护身符，再到甜玉米片，不管哪一种在做促销活动，或者有一句很酷的广告词（通常是一个孩子喊出来的）。当你的麦片作为新品牌出现的时候，买这种麦片就是模式匹配。当然了，为什么不呢？

或者，可能简单地就像星期四晚上九点钟播出的情景喜剧。数百万的人每个星期都在那个时间坐下来看电视……你不应该努力去改变他们的模式，只需要把你的新产品或服务加入到已经存在的混合中就行了。

而模式中断要求出现某种震惊，紧张产生了，需要投入能量去考虑这个新的输入。这个东西值得考虑吗？大部分时间，对于那些你想争取的大部分人来说，答案都是否定的。答案之所以是否定的，是因为模式已经形成，时间是宝贵的，风险也是大家都担心的东西。

如果你想让某个从未雇过园丁的人雇用你做他们的园丁，你就是在请求模式中断。如果一个有钱人习惯捐几百美元，但想要他/她这次捐出五千美元，你也面临着同样的挑战，这种模式要求在你获得向前运动之前必须停止做某事。

当生命出现新情况时，就会建立新的模式，这就是为什么向刚做爸爸的人、刚订婚的女人和刚搬家的人出售东西能那么容易获得利润。他们没有可以匹配的模式，因此所有都是中断的。一个典型机构的采购经理学到的是，匹配模式是万无一失保住稳定工作的最好方式。

推销一个新应用程序的最佳时间就是平台也是全新的时候。

当你向一个还没有模式的人推销东西的时候，不用努力让他们相信他们之前的选择是错误的。

紧张可以改变模式

如果打算推销模式中断，你需要能够提供一种紧张，这种紧张只有愿意改变一种根深蒂固的模式才能得到缓解。

紧张就是拉伸的橡皮绳上的力，向外拉橡皮绳的一端，在橡皮绳的每一处都会产生紧张的力。

为什么有些人在课堂上不愿意提出问题，但当老师点到他们名字的时候却很乐意回应老师？

主动发言对他们来说是个问题，因为这需要力量和责任。但是，当老师通过公开叫某个学生的方式运用集中的社会紧张时，学生回答问题是完全可以做到的，这种紧张足以克服他/她的惰性。

邀请某人加入面包或糕饼的售卖活动或者加入我们的读书俱乐部时，我们就制造了紧张，我们在利用一种力（在这种情况下，就是社会参与度）来克服另一种力（现状）。

比如，我们看看Slack（聊天群组+大规模工具集成+文件整合+统一搜索。

截至2014年底，Slack已经整合了电子邮件、短信、谷歌云端硬盘、推特、日程管理等65种工具和服务，可以把各种碎片化的企业沟通和协作集中到一起——译者注），这是一款成长迅速的生产力软件，主要为工作中的团队设计。很少有人拥有改变他们一整天工作方式的模式。没有人会在早上醒来的时候，希望他们从一个已经信任的平台转换到另一个新的平台，通过学习一个新的软件应用来处理几周积累下来的麻烦事。

然而，Slack是同类软件中增长最为迅速的产品，他们是怎么做到的呢？

因为在获取了一些慕新族的能量和喜爱之后，他们启动了防倒转的棘齿。当同事也使用Slack时，你使用Slack的体验会更好。所以，已经存在的使用者有一个“利己”且强有力的理由，让他们去告诉其他人。事实上，如果不这么做的话，他们每天都会感到痛苦。

那么，对于新用户的模式中断呢？紧张来自哪里？

很简单，只需要一个同事对其说：“你被漏掉了。”

你不在Slack上的每一天，你的同事都在背后谈论你，一起做没有你参加的项目，进行把你排除在外的对话。

你可以缓解这种紧张，现在就可以，只需要加入其中……

Slack开始的时候做的是模式匹配，向喜欢新软件的人提供新的软件，向寻找工作新方式的人提供新的工作方式。

但是，接下来他们进行了飞跃。

他们给了这个群体一个创造模式中断的工具：同伴对同伴。一个员工对另一个员工说：“我们打算试试这个新的工具。”这种单一的横向传播就建立了一个价值数十亿美元的软件公司。

这不是偶然现象，这来自于软件本身。

你在中断什么模式呢？

你在打破什么呢

启动一个新的项目，除了向你的受众提供服务，你还在打破某些东西，替代品的存在将导致其他东西不再那么真实。

当你在尼亚加拉大瀑布旁建造第二家酒店时，第一家酒店就不再是唯一的一家。

当你开始使用电话时，电报就不再是发送信息最快的方式。

当你举办一场专门的派对时，没有被邀请的人就成了局外人。

当你发行一个极端产品（最高效的、最优惠的、最便捷的）时，不管你超过的是什么，它都不再是它的粉丝曾经追求的极端了。

当一个新网络开始获得牵引力时，它带来的是很酷的孩子，强大的早期采用者，这种牵引力会让曾是旧网络一部分的人们开始重新考虑他们对旧网络的忠诚，这个旧网络就是你要取代的那个。

这就是紧张的感觉，被落到后面的紧张。

能够造成改变的营销人员需要造成紧张。

紧张与恐惧不同

如果你感觉自己是在强迫人们、操纵人们或者让他们感到害怕，很可能你的方式是错的。

紧张是不一样的，紧张是我们完全可以做的事，因为我们关心我们想要服务的人。

恐惧是梦想的杀手，它让人们失去活力，屏住呼吸，全身瘫软，无法前进。

只是恐惧并不能帮助你促使改变的发生，然而，紧张却有可能。

这种紧张是我们每次准备要跨过一个门槛时面对的紧张，这种紧张是我们考虑这可能可以与这可能不可以时的紧张，这种紧张是在思考“学会了这个，我会喜欢我变成的样子吗”时的紧张。

或许会伴随恐惧，但紧张是我们跨越恐惧走向另一边的许诺。

紧张是一次伟大教育经历的标志——不是很清楚我们走到哪一步的紧张，不是很确定课程表的紧张，不是很有把握我们追寻的领悟一定会发生的紧张。

所有有效的教育都会造成紧张，因为就在学习之前，你意识到你（还）不知道。

作为成年人，我们愿意将自己暴露于一场很好的爵士演唱会、一场棒球赛或一场惊险的电影的紧张之中。但是，很可能因为我们曾被恐惧灌输过，所以在变成理想的自己的路上，当有机会可以学习一些新东西的时候，我们会犹豫不决。

如果没有人告诉我们前进是可能的，恐惧也许会让我们寸步不前。一旦我们看到了出路，紧张可能会成为让我们行动起来的工具。

高效的营销人员有勇气制造紧张。有一些人非常积极地要找出这种紧张，因为这种紧张富有成效，它会推动着你的服务对象跨越峡谷到另一边。

如果你对要促成的改变足够在意，就会代表改变慷慨大方地、充满敬意地制造紧张。

营销人员制造紧张，前进运动缓解那种紧张

停业甩卖的逻辑是难以捉摸的，毕竟，如果这个商店经营得好，它不会停业。如果客户希望获得售后服务、商品的保单或者能够退货的机会，从一个即将消失的商店买东西是不怎么明智的。

然而，人们很难抗拒便宜货。

那是因为停业甩卖的稀缺会造成紧张，关于“我错过了什么便宜货”

的紧张，缓解这种紧张最好的方式就是到那个店里去看一看，检查一下。

当然了，错失一次破产甩卖的恐惧，并不是驱使我们前进的唯一紧张。

这里有一个新的社交应用程序，如果你加入得早，就会比后来加入的人发现更多的朋友，比他们更同步，最好不要落后。

这是我们发票处理的流程。我知道你对原来的系统很熟悉，但我们单位使用了新的系统，你需要在周四之前熟悉这个系统。

我们这个街区最近卖出的三套房子，价格都比大家预期的低。如果我们不能很快卖出去，就无法偿还抵押贷款了。

Supreme（于1994年秋季诞生于美国纽约曼哈顿，由James Jebbia创办。是结合滑板、Hip-hop等文化并以滑板为主的美国街头服饰品牌——译者注）只生产了250双这样的运动鞋，我要去买一双——你去吗？

如果你想知道这个系列节目是如何收尾的，一定不要错过周日的播出。

我们不想感觉自己受到落后、信息不足或者能力不足，我们都想冲在前面，我们想要与别人同步，我们想要做像我们这样的人在做的事情。

所有这些感觉都是在营销人员带着引起这些感觉的东西出现时才存在的——如果没有一个新专辑，你不会因为还没有听而感到被遗漏了。

我们有意制造这些缺口，这些让人们跨越的紧张的小峡谷。

原因就在于地位。

我们站在哪里？

人们会怎么看我们？

谁起来了，谁下去了？

你准备好制造紧张了吗

这不是一个反问句。

有两条路可供选择。

你可以做一个出租车司机，主动问别人他们想去哪里，打表收费。在按照需求供应的庞大交通系统里，做可被替代的一分子。你可能是一个比别人更努力的出租车司机，但那也改变不了什么。

或者，你可以做改变的代理人，一个制造紧张而后缓解紧张的人。

最早在拉斯维加斯建造高级赌场时，无数的游客制造了紧张。而在一年前，在里诺或拉斯维加斯市区就很开心的游客，那个时候会感觉自己是二等公民。他们问："我是那种会去一个如此不景气的赌场的人吗？"只是一个更高级选择的存在，就足以让他们在曾经最爱的地方的体验降级。

制造紧张后，缓解这种紧张唯一的方法就是前进运动。

带着你的故事和你头脑里的解决方案到达现场时，你是不是也制造紧张了？如果没有，现状很可能就会继续保持。

现状是如何造就的

主导的叙述、市场份额的领先者、管理社会的政策和程序，所有这些都因为一个原因而存在。

它们善于抵挡像你一样的"造反者"。

如果颠倒现状所需要的只是事实，那么我们很早以前就已经改变了。

如果我们一直在等待一个更好的想法、一个更简单的解决办法或者一个更高效的过程，我们在一个世纪前或者十年前甚或一年前就改变现状了。

现状不会因为你是对的而改变，现状改变是因为文化变了。

文化的引擎就是地位。

CHAPTER ELEVEN

第十一章

地位、管理控制和从属关系

在人类文化中，有两个人以上的场景，就会有地位与角色的划分，比如约会时（谁来买单），在董事会的会议室（谁先来、谁坐哪、谁发言、谁拍板、谁负责）。

巴克斯特痛恨杜鲁门

巴克斯特是我的狗，它是一只杂种狗，爱交际，很快乐，爱表达，几乎与见到的每一个人和每一只狗都相处得很好。

除了杜鲁门。

杜鲁门是一只高贵、自信的德国牧羊犬，刚搬到我家的对面。杜鲁门的家人富有爱心，一天会带着它出去溜达几次，杜鲁门快把巴克斯特逼疯了。

杜鲁门的家人非常友好，来我们家吃饭时，他们把杜鲁门也带来了。巴克斯特处于极度兴奋的状态，它控制不了自己了。

这是怎么了？

想想加拉帕戈斯群岛的企鹅，他们一天大约用两个小时的时间找鱼吃，剩下的时间就用来对同类进行强弱排序，这需要大量的相互为对方梳理打扮、碰撞和社会定位。

当然不止我的狗和企鹅如此。

我们也一样。

不是不理性，地位让它成为正确的选择

人们为什么会选择这家饭店而不是另一家？为什么选择这所大学而不是另一所？为什么会开这辆车而不是那一辆？

为什么那个扑克冠军做出了一个糟糕的选择？为什么租房而不是买房？你加入的是什么俱乐部？

如果仔细观察最初并没有意义的决定，就会发现其实是地位在起作用。那个决定对你来说没有意义，但对于那个做出决定的人来说那样做却是完全合理的。

我们会用大量的时间关注地位。

地位与角色：教父与殡仪馆工作人员

凯斯·约翰斯通写了一本书——《即兴》，可以帮助我们理解地位与角色以及文化所有元素背后（但很明显）的驱动力。

每一个狗群里都有一只领头狗，每一窝幼崽里都有一只最弱小。

地位与角色决定狼群里谁可以第一个吃猎物，看到绿洲时谁可以第一个喝水。

在人类文化中，只要不是只有一个人存在的场景，就会有地位与角色的划分，比如约会时（谁来买单），在董事会的会议室（谁先来、谁坐哪、谁发言、谁拍板、谁负责）。

我最喜欢的一个例子最能反映出约翰斯通观点的本质，那就是电影《教父》开场的场景，这在YouTube视频网站上很容易找到。

那个场景是亚美利哥·博纳塞拉——一个疲惫的失败者，一名殡仪馆的工作人员，穿着毫无个性的黑色西装，在教父女儿婚礼的那天来见教父。

就在几秒钟的时间里，舞台就已经设置好了。

地位低下的博纳塞拉（还有比他的地位还低的吗）来拜见地位高贵的唐·柯里昂，后者倾其一生都在确保他处在地位的顶端。

然而，在婚礼的这一天，他们的传统是教父必须同意别人的任何求助。

电影开场几分钟后，世界就颠倒了。

博纳塞拉请求唐·柯里昂用暴力解决那些伤害他女儿的人，家庭纽带迫使他进行了一次大冒险，那就是以牺牲教父的代价来抬高自己的地位。更糟糕的是，他甚至提出付钱给柯里昂，将一个教父变成一个流氓。

哦，这就是紧张啊！

在那一刻，这个殡仪馆工作人员的性命危在旦夕。他要求太多了，作为父亲的骄傲推着他进入了一个教父都不可能操控的地带。教父不可能既答应这个请求的同时又保持自己的地位，而地位就是他的命。

通过一些了不起的导演技艺，只有几秒钟之后，就恢复了正常的秩序，那个场景结束时，那个殡仪馆工作人员向教父鞠躬，亲吻他的戒指，承诺对他忠诚。

博纳塞拉通过回到他在地位阶层的原有位置缓解了紧张。

地位让我们……

地位是我们在阶层的位置。

也是我们对那个位置的看法。

地位保护我们。

地位帮助我们获得我们想要的东西。

地位给我们杠杆促使改变的发生。

地位是一个可以藏身的地方。

地位可以是一件礼物，也可以是一种负担。

地位创造一个故事，这个故事改变我们看到的选项，改变我们的选择，破坏（或者支持）我们的未来。

我们想改变或者保护所在地位的想法，几乎是我们做每一件事的动力。

案例分析：狮子和马赛人武士

我们如何拯救肯尼亚和坦桑尼亚的狮子？

保育生物学家利拉·哈扎看到这两个国家对环境的破坏让狮子越来越难以生存，但是，她也知道，在很多马赛人中，青年男子的成年仪式是一只手杀死一只狮子，这种展示勇敢的行为为狮子的存活带来了很大的压力。据估计，那个地区现在只有3,000只狮子，而几十年前，那里曾有20万只狮子。

论点再理性，也不能强大到可以改变根深蒂固的文化信念，即使在营销这个领域也是如此。我们每一个人都对地位有需求（作为一个父亲或母亲，作为一个青年人）。因此，哈扎博士和她的团队努力在人类基本欲望的顶层创建新的文化信念。

就像我们从四分之一英寸钻头上学到的一样，行为不一定总是与想要的情绪之间存在明显的联系。在马赛人的例子中，文化目标就是将团体里的成员团结起来，创造权利赋予和可能性的感觉，反复灌输勇敢和耐心，有一个意义深远的通过仪式，在男孩成为男人的时候提升男孩的地位。

所有这些目标都与杀死一只狮子没有直接关系，那真是一个历史的人为概念。

哈扎博士及其团队将自己的工作与马赛人文化系统联系起来，并在融入文化系统后，向他们介绍了一种新的成人仪式，并建立了这种意识的文化影响——仪式不是通过杀死一只狮子来展示勇敢和耐心，而是通过拯救一只狮子来展示。

用他们的话来说，“保护野生动物一直以来都是聚焦于野生动物，而不是人。在‘狮子守护者’项目中，我们采取了相反的路径，用了将近十年的时间，与当地居民一起努力保护狮子，通过将传统的知识与讲科学的文化融合起来改善……野生动物的保护。”

现在，马赛人找到狮子之后，给它们起名字，跟踪它们，利用无线电进行普查。如今，保护一只狮子的成年通过仪式，就像过去杀死一只狮子那样重要了。

地位的动态变化一直在进行

司机地位一旦被看到就一直存在。比如，一个警察让闯红灯的摩托车停车。在这种情况下，谁的地位更高？

还是那名摩托车司机，他走进办公室之后，对着前台接待员大呼小叫，这时谁的地位更高？

地位与角色会互相碰撞，这会发生在任何一个官僚体制内，这样的官僚主义只知道如何衡量当今的地位变化。

我们在学校里很容易就扮演的角色——教室小丑、校园大人物、尖子生等，都是地位角色。还记得我们曾经多么努力地维护那些角色，即使在我们有机会改变那些角色的时候也不为所动吗？

当营销人员带着新想法出现的时候，他/她提到的机会、他/她提出要促使改变的发生——这都是对我们地位的挑战。我们可以选择接受（提高地位或降低地位，这由我们告诉自己的故事决定），也可以带着一丝紧张地选择拒绝。

认为每一个人都想提升自己地位的想法是错误的。事实上，很少有人愿意这么做，认为每一个人都不想降低自己地位的想法同样也是错误的。如果你已经习惯让自己处于某个地位角色，你可能会努力维持甚至降低你的地位。

聪明的营销人员开始意识到，有一些人很开放，迫切想要改变地位（提高或者降低），而有些人会像疯了一样拼命保持他们的角色。

地位与财富不一样

在一些圈子里，获得普利策奖专栏作家的地位比我的地位高很多，一家著名医院的主治医生地位可能比富有的整形外科医生的地位要高。印度一个小村庄里一个身无分文的瑜伽修行者的地位，比镇上最有钱的那个人的地位都要高，至少对他的一些同龄人来说是如此。

在过去的几十年，我们在赋予地位时变得更懒于注意细微的差别，更喜欢把地位要么与银行账户的数字关联，要么与网络上粉丝的数量关联。但是，地位仍然以很多种形式展现。

关于地位的六条真理

1. 地位永远是相对的。与视力、力气或你的银行存款余额不同，你在一个绝对衡量尺度下的位置不重要。相反，重要的是相对团队里其他人而言，你对地位的看法。6比4大，但是比11小，没有最大的数字。

2. 在观看者眼里地位才有高低。如果局外人认为你的地位低，而你自己认为你的地位高，可能两者都是真实的，只是在不同的时间对不同的人而言。

3. 被关注的地位才是重要的地位。当我们努力保持或者改变地位的时候，地位是最相关的。对很多人来说，在每一次的互动中，地位都是我们心中最重要的东西。但是，只有当与我们互动的人也在乎地位的时候，地位才是重要的。

4. 地位具有惰性。我们更有可能努力保持我们的地位（或高或低），而不是想办法改变地位。

5. 地位是习得的。我们对于地位的信念很早就开始形成。然而，我们所处的群体可以在很短的时间内就影响到我们对于地位的看法。

6. 羞耻心是地位杀手。为什么羞耻心被当作一种手段，原因很简单：这样很有用。如果我们接受别人给予我们的羞辱，这会损害我们关于相对地位的所有看法。

我们不断地调整自己的地位，凭直觉根据不同的情况进行改变。当你把你的产品或服务推向市场时，首先要考虑的就是客户的地位角色。

法兰克·辛纳屈拥有的更多

法兰克·辛纳屈（Frank Sinatra，20世纪最重要的流行音乐人物之一。这位集歌手、演员、电台及电视节目主持人、唱片公司老板等多重身份于一身的娱乐界巨头，受到全球乐迷的爱戴——译者注）过着两种截然不同的生活。根据盖伊·特立斯的记录，外界视他为一个顶点，即温文尔雅和久经世故的象征。他是一个地位高贵的权力经纪人，一个严肃认真的人，一个独一无二的人。

然而，当法兰克看向镜子时，他看到的是一个瘦骨嶙峋、地位低下的小男孩，不受人尊敬，几乎不能保住自己的东西。他让自己被唯命是从的人和马屁精包围，但仍然自我毁灭地大发雷霆，过着一种与他的名气、财产和健康不符的悲惨人生。

把地位带进营销领域时，我们就如履薄冰。我们不知道与我们打交道的人是否看起来地位很高（同时也不相信这一点），还是实际上相信并且想要提高自己的地位。

但是，我们尚不清楚自己是否有很多选择，因为每一个重大决定都是基于我们对地位的认知做出的。

学会看地位

地位并不像表面看上去的那么简单，思考一下，你想要服务的那些人，他们外在的地位（他们选择的群体是如何看待他们的），以及他们内在的地位（当他们看镜子时自己看到的是谁）。

接下来，研究他们如何维持或试图改变这种地位。他们会轻视其他人吗？寻求他人的赞许吗？无私地帮助别人吗？驱使自己获得更大成功吗？他们的获得与失去是什么样的？用以下XY轴坐标系来考虑。

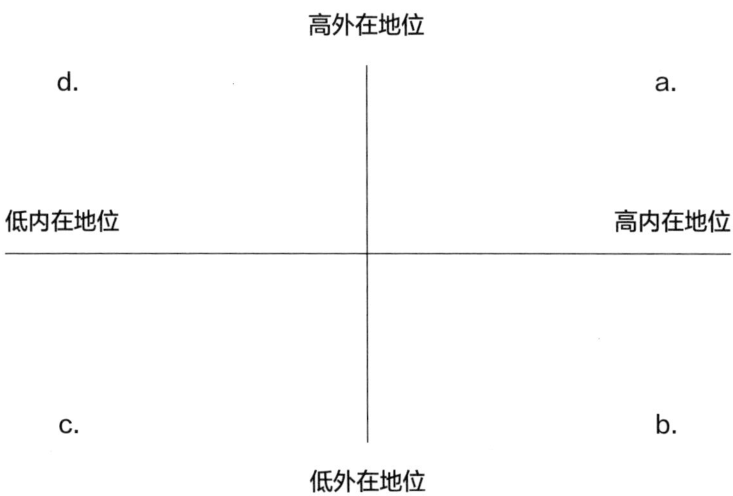

位于右上角象限（a）的人的确很少，这个空间属于那些被他人认为强大的同时也自认为有能力胜任的人。我会把奥普拉·温弗里放入这个象限里，她就属于能够自己选择而不是等待被选择的人。

在左上角象限（d）的人更常见一些，因为那些最终获得高地位的人经常怀疑他们自己，这会把他们变成歌剧女主角。法兰克·辛纳屈最好的故事就是他对于皇室地位的感知与他自己对自我肯定的需求的并存，骗子综合征也来源于此。

右下角的象限（b）属于这样一些人，他们认为自己比世界上其他人都好很多。在这里你可以找到艺术的驱动力和努力追求更好的意愿，但久而久之，这也可以导致悲剧。

最后，左下角的象限（c）里的人是那些认为自己不值得的人（世界也同意）。这看起来好像是一个悲伤的地方，但同时也是一个始终如一的地方，这就是为什么我们会把这个角色嵌入到阶级文化中。舞会之前的灰姑娘就属于这个象限，她从来不指望有机会获得更多。煤矿工人也属于这个象限，拼命保住一份危险且工资又低的工作。

然而，在我们分析之前，还有一个坐标系。

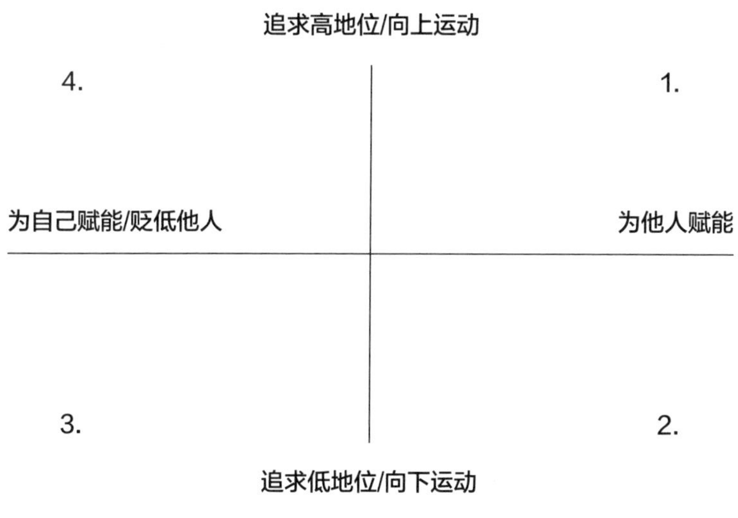

在很多互动关系中，人们都会渴望改变他们的相对地位——要么希望抬高自己与同伴相比的地位，要么通过放弃或降低地位来获得安全感。

降低地位可以获得安全感，是因为那样会有更大的空间和更少的威胁。在那里，几乎没有人会挤着要看到更好的风景，或者争着做第一个吃午饭的人。

人们非常清楚自己的相对地位。我们可以向上也可以向下运动，可以通过帮助或者推动其他人向上向下来实现，也可以通过为他人打开大门，让他们能够提高自己的地位，或者贬低他人或提高自己的地位来实现。

在第一象限里，有慈善家、忠于职守的老师、社会公正的支持者。他们通过关注地位低下的人，而不是关注自己，来提高他们自己的地位。这就是我们看到的超人形象——他有能力抢银行，但他选择拯救生命。

在第二象限里，我们可以看到相似的行为，但是出发点不同。这里的人不仅允许其他人排在他们前面，甚至懒得去尝试一种角色，因为其他人比自己更值得。

在第三象限的是反社会人物，他们向世界展示了有害的、幼稚的自恋。这里的人很愤怒，因为他们知道自己无法比得上，就决定把身边的每一个人都拉下来。O. J. 辛普森（前美式橄榄球运动员，被指控犯有杀妻、持枪抢劫和绑架等多项重罪——译者注）和马丁·什克雷利（美国图灵制药CEO，在2015年将一种救命药物达拉匹林的售价从13.5美元1片涨到了750美元1片——译者注）都是这种人。

在第四象限里，人们全力进取又自私自利，迫切地想要赢得他们参与的任何一次活动，他们愿意通过创造价值和诋毁比赛来实现他们的目的。

为不同的人准备不同的故事

我们每个人都有自己的故事，我们头脑里的杂音，我们独一无二的世界观，塑造我们和影响我们选择的历史、信仰和观念。慷慨大方的行为指的是可以接受其他人不想要、不相信或者不知道我们在做什么，而他们的脑子里也有类似的想法。

但是为了给世界带来变化，我们需要就其他人相信的东西做出更多假设猜想。我们无法听到他们脑子里的声音，但可以观察他们的行为并做出一些猜想。

我们的文化存在一种分裂，在很多不同的时候，都会有两个不同的立场告诉人们非常不同的故事，并且以不同的方式表现出来：（1）在某些场景下默认管理控制的群体和（2）寻求从属关系的群体。

从属关系和管理控制是衡量地位的不同方式

每次搜索“好莱坞最帅的男星”，都会看到汤姆·汉克斯的照片。每一次搜索“教父”，都会看到电影里唐·柯里昂这个角色的照片。

汤姆·汉克斯在乎的是从属关系，而唐·柯里昂看重的却是管理控制。

看出两者的区别有助于我们更好地理解我们这个社会、我们的政治生态以及你的客户如何看待事物。本部分内容主要是关于每一种世界观的人物角色、叙述故事以及夸张夸大。

从属关系：

注重从属关系的人会问自己和身边的人以下问题：

谁知道你？

谁信任你？

你把事情做得更好了吗？

你的圈子是什么样的？

你在部落中处于什么位置？

我们所有人不能相处融洽吗？

管理控制：

看重管理控制的人经常会对自己和身边人说的话和问的问题：

这是我的，不是你的。

谁的权力更大？

这是我自己做的。

我的家庭需要更多我们已经拥有的东西。

我这一方管理控制你那一方的意思是，只要我的领导者取胜了，我就不必负责。

在球场上，一个12岁的孩子可能只关心赢球，或者不只是要赢，而且要让对方输得很惨。他会质疑裁判的动机，狠踩对方队员的脚趾，为了赢不择手段。

还是这个孩子，他丝毫不在乎考试成绩在班级里能否名列前茅，但他很关心在校车上谁坐在他的旁边。

在一个爵士乐队里，有人会特意记着那是他的第几次独奏或者独唱，但也有人想要确保自己让团队保持同步。

你现在想要服务的对象：他们在关注和衡量什么？

如果想向关注管理控制或从属关系的人推销，你需要知道他们在衡量什么以及为什么这么做。

“谁第一个吃”与“谁的座位离皇帝最近”的问题一直持续到今天，这两个都是有关地位的问题：一个涉及的是管理控制，另一个是从属关系。

不只是第一个吃，而且包括与第一个吃的人在同一个团队里，看到其他人最后吃，从中获得快乐。

不只是座位离皇帝近，而且知道明天依然会受到他（还有那些在朝廷里的其他人）的青睐。

哪一个叙述可以引起你的受众的共鸣？

从职业摔跤中学习

职业摔跤除了是一场对于地位的争斗，还是什么？

这种地位争斗不只存在于摔跤选手之间，粉丝们也有同感，因为当你的英雄站起来获胜的时候，你也一起站起来了。

如果你可以用摔跤比赛现场摔跤选手及其粉丝的眼睛来看这个社会，就会理解一些人是如何看待你提供的东西了。

不是管理控制，就是从属关系

一个人不是非得有一个油井或者一个工厂才能获得地位。让其他人的车加塞到你前面，与抢在他们车前面不让其加入车流，可以给一个人一样的地位。

这就是从社会团体中获得的地位。因为贡献、关心、看到并与他人同步而给予尊重的地位，尤其是当其他人没有能力报答你的时候。

现代社会、城市社会、网络社会、艺术和创新都是主要建立在从属关系上的团体，而不是管理控制。

这种地位不是“我更好”，而是“我是与人有联系的。我是属于大家庭的”。在一个以联系为基础而不是以生产为基础的经济中，成为一名值得信任的大家庭里的成员是极其可贵的。

时尚一般都是关于从属关系

他们在上映什么？其他人都在做什么？这是活动期间吗？

在竞争激烈的市场都会存在成为管理控制者的竞争。但在构成市场的客户中，领导者的职位起作用是因为这里的客户希望彼此联系起来。

领导者提供一种有价值的信号，一个想要其他所有人都能够同步的通知，他们的目标不是获胜，而是成为这个团队的一员。

发送管理控制信号

优步（Uber）的品牌就是建立在管理控制之上。在优步运行的头几年，他们与当地的政府、竞争对手和司机们之间的关系存在争议。这一信号，加上一些投资者、员工和使用者的看法，让他们能够强化他们的故事以及如何讲述这个故事，总有一些客户、伙伴和员工会对输赢的故事回应得最理想。

你想为什么样的公司工作？如果一个公司的人彼此的世界观都一样，他们就很难想象为什么会有人选择其他选项。

发送从属关系信号

营销人员会消耗大量的时间与金钱来完成这个简单的任务，那就是发送从属关系信号。商品展销会上的展位有多忙碌？还有谁参加了发布会？谁给这本书写了推荐序？“人们”在谈论它吗？（也就是说“像我们一样的人在做这样的事吗？”）

从属关系不像管理控制那样聚焦稀缺性，因为从属关系看重的是网络效应。关系越多，就可以将每一个人都包括在内，充裕的状态在他们那里大受欢迎。

强调从属关系的营销人员寻找最佳杠杆，这个杠杆可以将合适的信号传递给合适的人，寻找一连串人的时候尤其如此。对于一家投资银行来说，这意味着在为证券发行发布广告时，在底部写上所有“合适”公司的名称。对于一个企业对企业（B2B）的销售者，这意味着为自己争取介绍。对于当地的一名手艺人来说，这意味着在一个社区停留比较长的时间，直到在这里广为人知。

管理控制是一种垂直的经历，要么在上，要么在下；从属关系是一种水平的经历，关注点是，谁站在我旁边。

是从属关系还是管理控制，由客户来决定，而不是你

你见过以输赢而论的社会吗？要么上，要么下？还是更多的是关于内部人与外部人，同步，成为一场运动的一分子？

你看待世界的方式远不如那些你想为之服务的人看待世界的方式重要。

综上所述，他们的世界观总是比你选择讲述的故事更加强大。我们要为之服务的人，他们的脑子里有一种声音，这种声音与你脑子里的声音是不一样的。

CHAPTER TWELVE

第十二章

“更好”的商业计划书

更好的商业计划关注的是普遍需求，并使之更加具体——描述它是谁，具体为了什么。它会列出提纲，包括你想创造的紧张、你扮演的地位角色以及你所带来的将促使改变发生的故事。

你要去哪里，什么在阻挡你

我不清楚为什么现在的商业计划书都是那个模式但它们经常被滥用，混淆视听，令人生厌，让人们展示一种可以按预期照办的能力。如果我想要某个商业活动的真相及其将来的发展情况，宁愿看到一个更有用的文件而不是商业计划书。我把现代商业计划书分为五个部分：真相、人、主张、金钱、替代品。

真相这部分主要描述真实的情况。如果你想添加脚注补充说明，那就添加吧，但一定要告诉我，你准备进入的是什么市场，已经存在的需求有哪些，这个领域的竞争对手都有谁，技术标准是什么，以及其他人在过去是怎么成功和失败的。越具体越好，基础知识越多越好，故事越震撼越好。这部分的意义在于，确保你很清楚你是如何看待这个社会的，并且你和我假设的是一致的。这部分不是要偏袒哪一方——它没有立场，只是陈述事实。

这部分按照需要写多长都可以，可以包括电子数据表、市场份额分析以及其他我有必要了解的关于世界如何运作的内容。

主张部分给你提供一个描述你将如何进行改变的机会。我们会做这件事，然后就会发生那件事。我们会在这些时间内利用这些钱做这个东西，我们会把那个东西推向市场，市场通过采取这样的行为做出这样的回应。

你通过讲述故事创造紧张，你在为一个具体的市场服务，你在期待因为你的到来而发生的事，这意味着什么呢？

这是现代商业计划书的要点。发行一个项目的唯一原因就是促使改变，让事情变得更好，我们想知道你将做什么，会带来什么影响。

当然了，这部分可能不太精确，不是你列出来的所有主张都会变成现实。你的花销会超出预算，可能无法按截止时间完成一定的销售额。所以，替代品部分告诉我的就是，如果发生了那样的事，你会做什么。你的产品或者团队有多大的灵活性？如果你的主张没有成功实现，就结束了吗？

人的部分才是关键因素：你的团队里目前有谁，谁将加入你的团队。“谁”不是指他们的简历，而是他们的态度、能力以及经历记录。

这一部分你还可以再增加一些内容。你服务的对象是谁？谁是个中翘楚？他们对于地位的信念是什么？他们的世界观是什么样的？

最后一部分是关于金钱。你需要多少钱，你打算如何花费这些钱，你的资金流动、盈亏、资产负债表、利润率以及退出战略是什么样的。

你们本地的风险投资家可能不喜欢这种格式，但我敢打赌它能帮助你的团队更清楚地思考难题。

或许你已经看到了转变

翻开这本书的时候，你可能会说：“我有一个产品，我需要更多的人来买它，我有一个营销的问题。”

到现在，我希望你已经看到了这句话透露的工业家自私的本质。我们的文化的目的不是为了资本主义，甚至不是为了能够让你支付账单的资本主义，资本主义的目的是为了建立我们的文化。

一旦你采取了服务的姿态，明白需要文化的参与才能实现改变，转变就发生了。

现在，不再问“我如何能让更多的人听我的，我如何能让更多的人知道，我如何找到更多的追随者，我如何把更多的引领转变成销售，我如何能够找到更多的客户，如何能给我的员工发工资……”而是问：“我准备促使什么样的改变发生？”

一旦你知道了你代表的是什么内容，其余的就简单多了。

油腔滑调的美化润饰并不管用

大多数时候，我们被我们的目的、我们的原因、我们存在的理由所困扰。同样，这个目标经常只是一种倒推的说法：“我想要卖掉更多我已经决定要卖的东西。”

根据我的经验，大部分的营销人员实际上“目的”都是一样的。为了成功，为了与人打交道而获得双赢，为了被尊重、被看到和被欣赏，为了能够获得足够多的利润重复这样的活动。

那是你的为什么，那是你为什么要工作的原因。

但是，一个更好的商业计划书看到的是普遍的需求，并使之更加具体——描述它是什么，它具体为了什么。它会列出提纲，包括你想创造的紧张，你扮演的地位角色，以及你所带来的将促使改变发生的故事。

那不是你的目的，也不是你的使命，那只是你要做的事。

如果这样行不通，没有关系，这并不意味着你就没有目的，或者你的“为什么”注定会失败。所有这一切就是，在你追求重大影响的过程中，又排除了一条路线而已。

那样你就可以去找一条新的路线了。

CHAPTER THIRTEEN

第十三章

符号学、象征和行话

人们不关心你，也不在乎你有多努力地工作，他们只想知道那是不是为他们准备的，以及你是否诚心实意，是否货真价实，这就是符号学。

你现在能听到我吗

我们用象征符号进行沟通。字母“C-A-R”不是一辆车的图标，也不是一辆车的图片。它们都是替身，如果你懂英语的话，就会知道那是一个能够让人想起一辆车的象征符号。

耐克花费了数十亿美元，目的是让数百万的人知道它的那个商标是人类可能性和成就的象征，也是地位和表现的象征。

如果你是一名设计师，就会知道漫画字体象征的是品位差、地位低下和怠惰懒散。

营销人员需要明白，每一个人看待象征的方式并非都是一样的，所以要有意识地为合适的人选择合适的象征符号，并有勇气发明新的象征符号来取代旧的符号。

一百年前，符号学才刚刚萌芽。那个时候，不可能一天之内甚至每一天都会有十几亿的人在网上进行交易。现在，我们能够有目的地（或者带着天真的直觉）做这件事的能力，可以区分成功与失败。

这会让你想起什么

忙碌的人（你知道，就是你想要改变的那种人）不像你那样关心你的工作，他们不像你那样与时俱进，也不像你那么了解竞争环境或幕后故事。

我们浏览，而不是研究。

浏览的时候，我们就是在问："这让我想起了什么？"

这就意味着你所使用的标识、你讲述的故事和你产品或服务的外观都很重要。你的话语能够引起我们的共鸣，不仅因为它们本身的意思，而且因为它们的发音和你使用它们的方式。

这不只是关于你的产品或者服务，甚至与你公司如何装饰区域外观、如何布置房间都有关系。

如果它让我们想起了高中时代的食堂，我们就知道该如何行动了。如果那是一些圆桌上摆好要吃的鸡肉晚餐，我们也知道该如何行动。如果那里有一排排的像酒店里一样的椅子笔直地摆在那里，我们知道怎么坐，怎么行动起来呆滞无神。

我们不关心你，也不在乎你有多努力地工作，我们想要知道那是不是为我们准备的，以及你是否诚心实意，是否货真价实。

这就是符号学。

摇滚演唱会舞台上闪烁的灯光能够改变音乐听起来的感觉吗？或许可以，因为这些灯光会让我们想起来自己是在摇滚演唱会现场。

我们拿着一份报纸的感觉，与拿着平板电脑、连环漫画书或者一本《圣经》的感觉是不一样的。

一块巧克力与化疗药品呈现的形式是不一样的。

当我们走进一个医疗办公室，这个办公室感觉像一个外科医生的办公室，我们会记起那个外科医生曾经如何帮助过我们……即使现在这间办公室其实是一个脊椎按摩师的。

当我们拿起一本书，感觉这本书是自己花钱出版的，我们对待它的态度与对待那本让我们想起在高中时读过的经典著作的书的态度是不一样的。

当我们接到一个电话，在对方讲话之前，听着电话那头传来的嘀嘀声和停顿声时，我们会记起曾经接到的那些机器录音电话和广告传销的电话，在对方开口之前就把电话挂断。

当网站上设计了GeoCities（创立于1994年，是最早一批提供用户个人主页服务的网站之一——译者注）和闪烁可交换的图像文件……

如果你让我想起了一个骗局，那我需要很长时间才能从这样的第一印象中走出来，这就是为什么那么多大公司的标识看起来都一样，这不是偷懒，设计者是想让你一看到这些标识就能想起一个可靠的公司。

这就是“让我想起来”的工作，你可以用心来做这件事。

雇用一个专业人士

互联网上到处都是业余人士制作的网站、邮件和视频，这些都是做自己喜欢的东西的业余人士。

这很好。

但是，专业人士为你做的，是设计一些其他人会喜欢的东西，他们创造的外观和感觉会让人们想起他们自己的那种魔力。

没有唯一的专业外表或者唯一正确的答案。一个暑期档风靡一时的大片，会以四种电影的架构形式出现——这显然不是一个十几岁的化妆大师发布在YouTube网站上的一个视频。

每隔一段时间，业余人士就会找到一个能够让合适的人想起合适故事的行话。其余的时间，最好有目的地来做这件事。

想象那个世界……

唐·拉方丹曾为5,000多部电影和电视剧配音，这并不是因为他在说话方面比别人更有天赋，也不是因为他的价格最优惠，而是因为他的领先优势更加明显。如果一个电影制片厂或者演播室想让观众能够想起一部一流的电影，他的声音就可以做到这一点，因为他的声音会让你想起他以前配音的作品。

此外需要记住的重要一点是，你作为创造这个东西的营销人员，能够想起什么并不重要。符号学根本不关心是谁制作的这个象征符号，符号的意义在看它的人的脑子里。

更重要的一点是要记住，没有唯一绝对的正确答案，对这个群体很有效果的象征符号可能对另一个群体不起作用。在硅谷，连帽衫是地位的象征（我太忙了，没有时间去买衣服）。然而，在一个不同的环境下，面对不同的观众，比如在东伦敦，连帽衫可能会让人警觉，而不是安心。

为什么尼日利亚的垃圾邮件这么草率

如果你收到了一封邮件，声称一个王子要与你分享数百万美元，你可能会注意到里面各种拼写错误，还有一些其他线索都表明这不可能是真的。

为什么那些老练的骗子会犯这么明显的错误？

因为这封邮件不是为你这样的人准备的。他们这么做，可以给那些持怀疑态度、谨慎小心、见多识广的人传递一个信号：走开。

这封邮件的目的是发出一个信号，给那些贪婪的、容易受骗的人一个信号，因为把其他人牵扯进来只会浪费这些骗子的时间。他们更愿意从一开始就把你排除在外，而不是在你身上投资了时间和精力最后再失去你。

越野车上的标志被称为发光装置

2018年，一辆汽车越昂贵，就越有可能在轮子周围安装有点夸张的发光装置。

现在这些发光装置比以前更容易制造（机器人能轻松弯曲钢铁），但它们依然是一种符号，传递关于这辆车及其司机地位的信息。

这些发光装置没有真正的功能，可能距离轮子六英寸还要远，但它们依然得到保留。

在售后市场，你可以额外付钱安装一个更大的发光装置，有点像给你的汽车进行外科手术。

当然，如果做得太过火，对于大部分旁观者来说，你的地位不升反降，这就跟人进行整形手术一样。

凯迪拉克XTS更夸张，它的每一个尾灯后面都有一个微小的发光装置。同样，这个发光装置也没有用，只是提醒某些人，让他们有点联想到蝙蝠车（或者1955年版的林肯富利）。

这些表明地位的标识到处都是。

亚历克斯·派克指出，驾驶手套上有一个大洞。为什么？或许是为那些戴着大型手表开车的人准备的，这样手表就可以透过手套露出来了。

随着时间的流逝，我们忘记了大型手表，只是依然保留了那个洞，这就是一种象征。

这种遗留下来的道具成了符号，一旦一个象征符号广为人知（就像爱马仕手袋上的小细节），其他商家就会快速复制、操纵和传播，直到这种符号不再稀缺，变成只不过是变化品味的一个信号。

你的标识是什么？为什么其他人要安装这个标识呢？

标识不是为每一个人准备的

有必要重申一遍，最小有效市场会给你选择潜在服务对象的自由。那些人在寻找某种象征符号。可能的话，如果你选对了市场，他们想要的标识与能吸引更多观众的符号是非常不一样的。

这里就有点自相矛盾了。如果我们想要做出改变，就需要先行动，突出这个优势或者那个优势。但经常，我们的创新会让（有些）人想起过去曾经出错的一个事件。我们最开始的观众需要能够接受那件事，因为那是给我们机会开始做新东西的唯一观众。

发送一个让我们感觉已经信任的信号，然后做出足够的改变，直到我们意识到它是新的，它是你们的。

一样与不一样

大部分汽车广告看起来都一样，那是因为这些一样的广告传递的信号都是这辆车值得考虑，是这么大一笔投资的安全选择。

《时尚》（*Vogue*）杂志上的广告与《田园和小溪》（*Field & Stream*，美国很有名的一本休闲类杂志，里面有很多狩猎方面的内容——译者注）或者《体育画报》（*Sports Illustrated*，媒体大亨时代华纳所拥有的美国体育周刊——译者注）上的广告完全不一样。为什么？那是因为行话很重要。如果你说的话（这里指字体、照片风格、文案）不是按照我们期待的方式进行，你就不是像我们一样的人。

这就是好的设计师给你提供的，一个可以融入的机会。

有时候，你可能选择聘请一个了不起的设计师。他能打破你的期待，说话与众不同，但又不至于让你和那些你想联系的人没有共鸣。

当广告传奇人物李·克劳利用乔治·奥威尔的《1984》那本书上的形象创作了史上最具有符号特征的电视广告，观看苹果公司在美国橄榄球超级杯大赛上广告的人里几乎没有一个能够理解那个电视广告里所有涉及的含义（他们中学时读过那本书，但如果你想在一亿喝啤酒的体育迷中制造影响，靠一本中学指定读物不是一个好的开始），但精通媒体的人一下就明白了，他们就上钩了，谈论起这个广告，有些人就开始争先恐后地首先行动起来。

教训：苹果公司的广告团队只需要一百万个人关注，所以他们向这一百万个人发送了一个信号，忽略了其他所有人。

这个想法用了30年的时间从那一百万个人传播给每个人，用30年建立了数千亿美元的市场总值。苹果的成功在于符号学的成功使用，而不是技术有多高明。每一次进行改变时，苹果就会发送信号，他们只是用足够前卫的话语、字体和设计，让合适的人听到这个消息就够了。

案例分析：基思在哪里

不是所有的符号学都是良性的。当佩内洛普·盖曾和凯特·德怀尔创办他们的网站Witchsy.com时，他们的邮件几乎没有人回复。他们创造了一个第三方，一个名叫基思的虚构人物，给了他一个电子邮件地址，让他来发起和参与电子邮件线程。

这个简单的转变暴露了我们社会对待男人和女人的不同，这让我们感到丢脸。“基思”发过去的邮件很快就有人回复，摊贩们、开发者和潜在合伙人更有可能回复基思，直呼其名，并提供更多帮助，他们向《快公司》（*Fast Company*，与《财富》和《商业周刊》齐名的美国最具影响力的商业杂志之一——译者注）报告了此事。

我们时时刻刻都在评判所有的东西，人们反过来也在评判我们，那些评判经常都是存在偏见的、不正确的和无效的。但是，否认它们的存在并不能让它们消失。

营销人员可以利用象征符号获得信任和准入，或者发现那些符号在相反的方向发挥作用。为了改变文化，我们只能认可我们要去改变的文化，此外别无选择。

这并不意味着要放弃、适应或者未能成功挑战不公平，但是，这的确需要我们有目的地设计我们的故事和象征符号。它是为谁准备的？它是什么？

我们有意增加标识

我们来决定飘扬什么具有象征符号意义的旗子，选择让这样的旗子飘扬，不让那样的旗子飘扬，全由我们决定。

你想为之服务的人们也在努力弄明白你是谁，如果你选择在他们的世界出现，那就让他们容易了解到你是谁，你的立场是什么。

最简单省事的做法就是坚持认为你不需要一个旗子（或者一枚徽章），你不必向以前通过模仿等传递的文化基因俯首称臣，或者甚至穿上统一的服装。

最蠢不可及的做法就是假装你的特点如此优秀，以至于其他一切都不重要。

然而，其他东西总是很重要的。

品牌是没有价值的吗

你的品牌是什么？

暗示：那不是你的标识。

在一个超级拥挤的社会，面对太多的选择（适合我激光打印机的调色剂就有20多种，星巴克提供19,000多种混合的饮料），几乎所有的东西都“足够好”，如果你有一个品牌，就已经够幸运的了。

品牌是客户期望的简略表达，他们认为你在做出什么承诺？他们从你这里买东西、与你见面或者雇用你的时候，他们期望得到什么？

那个承诺就是你的品牌。

耐克没有经营旅馆，如果有的话，你很可能会认真想一想那会是什么样子的，这就是耐克的品牌。

如果你拥有真正的粉丝，你拥有他们唯一的原因是这个群体通过与你交往得到这样一个信号——他们下次会从你这里期待得到一些有价值的东西。这种期望不是具体的东西，而是情感上的。

另一方面，商品是没有品牌的。如果我按吨购买小麦，按磅购买咖啡，按GB购买宽带流量，除了规格，我别无其他期待。以更快的速度和更便宜的价格，给我弄来与我昨天买的完全一样的东西，我还是会付钱给你。

我们是怎么知道像威瑞森公司和美国电话电报公司这样的品牌是没有价值的？因为如果我们让一个人从购买这个品牌换到购买那一个品牌的话，他们不会在意。

如果你想建立营销的资产，就需要在联系和其他不可转移的财产方面进行投资。如果人们关心，你就拥有一个品牌了。

你的标识重要吗

你的标识没有你的设计师想要的那么重要，但比一般委员会意识到的更重要。

如果一个品牌是你做出的承诺精神的简略表达，那么标识就是那个承诺的记事贴。没有品牌，标识是没有意义的。

这里有一个简单的练习：

列举你喜欢的五个标识，作为设计的消费者，画出、剪下和粘贴五个做好的标识。

做好了吗？

好，我的预测是这样的：每一个标识都代表着你喜欢的一个品牌。

几乎没有人会选择纳粹党所用的十字记号或者敲他们竹杠的银行的标识，这是因为标识与品牌的承诺紧密联系在一起，我们在标识中灌注了品牌所有的能量，而忽略了标识具体的样式。

是的，有可能一个很好的品牌却拥有一个很差劲的标识（很复杂，对不对），很多最好的品牌没有容易识别的或者让人难忘的标识（我想到的是谷歌、丝芙兰和好市多）。当然了，快速地看一眼你的字体剪贴板，你会发现大多数的品牌不会受到影响。

不，你不应该打电话告知或者漫不经心，不应该选择一个会冒犯人们或者分散人们注意力的标识，而应该选择一个在不同的媒体会以不同大小显现的标识。

但是，大多数情况是，选择一个标识，不要花大量的钱或者开很多会议讨论它，然后就像保留自己的名字一样保留这个标识。

CHAPTER FOURTEEN

第十四章

以不同的方式对待不同的人

永远保持好奇，永远保持测试，永远愿意以不同的方式对待不同的人。如果你不这么做，他们就会找其他愿意这么做的人。

寻找慕新族

在任何一个100人的小组里，选择一个测量点（身高、体重、智商分数、头发长度、50码冲刺的速度、脸书上好友的数量），你会发现有很多人聚集在平均数附近。

100个人里面约有68个人会接近平均水平，27个人会距离平均数较远，还有4个会是极端的离群者。

因为经常出现这样的情况，我们把这称为正态分布。

事实证明，对于人类的行为而言，正态分布尤其正确。

埃弗雷特·罗杰斯曾证实，大多数人都喜欢他们所拥有的风格、技术或者创新。他们想做其他人在做的事，但他们并没有积极地寻求新奇。

然而，分布在下列曲线左边的十五六个人是慕新族，他们就是早期采用者，他们想要更好的、更智能的、更创新的东西。他们会排队等待看一场电影的首映，会选择第一时间立即升级操作系统，会为了看广告而阅读《时尚》杂志。

同样数量的人，也就是曲线右边的人会至死都努力维持现状，他们仍然会看《读者文摘》和使用卡式录像机。

优秀的营销人员应该明白，你不应该把时间浪费在不在曲线左边的人身上，一分钟都不应该（不浪费你的时间，也不浪费他们的时间）。

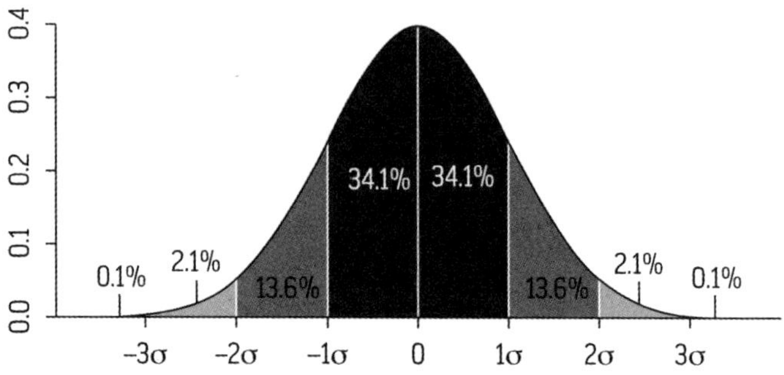

标准差：图中百分比表示每一区间被测量的人数百分比。比如，图中34.1%的人口低于均值一个标准差。

如果有人对他们目前所拥有的东西感到满意，你就很难有足够多的时间或金钱接触到他们并让他们对那些东西不满意——也就是对于改变足够感兴趣，变得足够开放，愿意接受改变，然后成为你的客户。

那不是为他们准备的，至少现在不是。

如果你坚持不懈、想方设法，或许某一天，通过免费的媒体报道，你可以一对一、横向地改变他们，但不是现在。

你开始选择的人应该是慕新族，这些人拥有一个你现在能够解决的问题（新奇、紧张和对更好不懈的追求）。

准　入

世界上不存在强制教育，如果一个人不想学，几乎没有什么能让他/她学会。

另一个选择就是义务教育：要获得准入才可以。

我们请求人们热切地关注我们，承诺说这是值得他们付出努力的，因为作为交换，他们可以获得他们想要的洞察力或者前进的动力。

准入就是你赢得参与许可所需要的东西。

准入就是举手参与，全神贯注听讲，认真做笔记。准入是一段旅程的第一步，在这段旅程中，你向客户学习，客户也向你学习。

准入是相互的，是双方一致同意的，经常会带来改变。

懒惰的营销人员努力地通过华丽的广告购买准入，优秀的营销人员通过寻找那些渴望改变的人们来赢得准入，他们通过让这些人与同样渴望改变的人连接起来而实现这一点。

而他们渴望的改变正是营销人员追寻的东西。

人们想要什么

这可能是个错误的问题。

不同的人想要不同的东西。

慕新族想要“先下手为强”，他们想要希望、可能性和魔力。他们想要成功时的兴奋，也不惧怕可能失败的风险。他们想要把他们的创新成果展示给其他人时的愉悦，还想要更快、更好地完成工作带来的满足感，以及对他们的创新和生产力得到回报的期望。

另一方面，企业里典型的无足轻重的成员，想避免与老板发生麻烦。如果真的出现了麻烦，他想要无懈可击的不在场的托词以及避免承担责任的好方法。

社会改革者想要一丝希望，希望有机会改正错误。

看重管理控制而不是从属关系的人想要赢，如果他不能赢，他可能愿意看着他的对手失败。

寻求从属关系的人们想要融入，想要同步，想要像我们一样的人做这样的事带给他们的喜悦，而不用承担被选作领导者的风险。

有些人想要承担责任，而有些人渴望被认可。你想要服务的人群里，有一些想要便宜货，而有一些热切地想要多付钱，来证明他们不差钱。

几乎没有人愿意觉得自己很笨。

越来越多的人被便利的承诺引诱，这样他们就不用关注或做出判断。另一些人发现自己无法付诸努力的时候会感到空虚。

教训：永远保持好奇，永远保持测试，永远愿意以不同的方式对待不同的人。如果你不这么做，他们就会找其他愿意这么做的人。

超级用户

有一些客户比其他客户更有价值。

你肯定听说过，有一些餐馆会把当地餐馆评论员的照片贴在厨房的墙上。他们认为，如果你可以早点认出评论员，就能够提高用餐体验的质量，从而获得更好的评论。

如果你能圆满成功，这或许是值得做的。

问题是，现在每个人都是餐馆评论员，每个人都可以在Yelp点评网站上上传自己的评论，或者与其他人分享用餐体验。因此，人们认为你需要对每个人都更好一点，因为每个人都有更多的权利。

这里用数学方法是行不通的，对每一个人更好一点，有点像对每一个人更差一点——考虑到你的资源，你不可能对每个人都比你已经在做的好一点。相反，看一下新常态，你会意识到虽然每个人都有一个平台，但不是每个人都在使用其平台。

虽然每个人都可以做一名慕新族、一个打喷嚏的人、一个超级用户、一个重要的贡献者，但不是每个人都抓住了机会。

你可以从观察人们做的事情来了解他们，当你看到有人接受你的事业时，也要接受他们。当你发现有人渴望谈论你做的事情时，就给他一些谈资。当你发现有人渴望成为一名慷慨的领导者时，给他一些资源让他领导。

如果愿意，我们可以拥有技术手段以不同的方式对待不同的人。但是，我们必须认真观察和倾听，这样才能弄明白应该提供什么内容，以及向谁提供。

关于客户贡献的真相

营销需要花钱。

参加会议穿的西装需要花钱，店面需要花钱，开发新软件需要花钱，保持库存需要花钱，投放广告需要花钱，公关宣传需要花钱，还有其他很多事情都需要花钱。

这些都是固定成本，存在于你整个客户群的各个方面。

如果你计算一下，你可能会看到如下这个图。

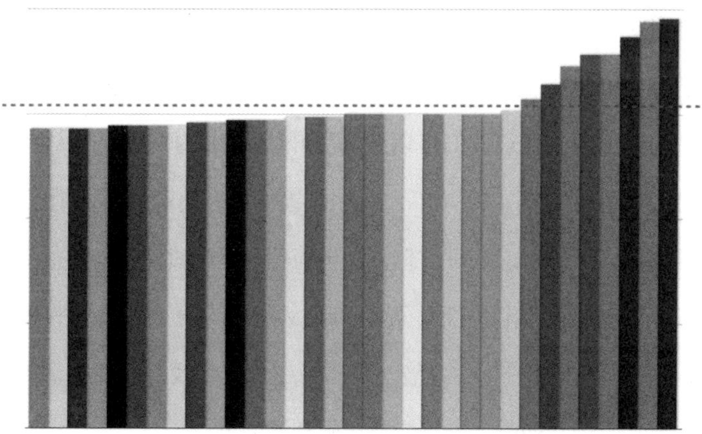

虚线是你营销时在每个人身上已经花费的金额，柱状体显示的是你从每一个客户身上已经获得的毛利润。

也就是说，图中只有8名客户让你真的盈利了。

对于图书购买者、餐馆常客、政治赞助商、慈善家、集邮者等任何一个产业里，只要存在一些客户比其他客户花费更多的现状，那么这张图背后的理论对于这些人就是适用的。

当你问“为谁准备的”这个问题时，答案应该是“那种看起来将来会让我们保持前进的客户”。

你会为很多人服务，但只能从少数人那里获利。

大鱼为小鱼买单。

这是可以解决的，但为了做到最好，你需要找到并取悦少数人。作为回报，你会获得一批忠实的客户，他们会把你所有的东西都买下。

这种互动的目的是什么

想想那些有问题向客户服务部门求助的有价值的客户。

我们如何知道他们是否有价值？客户服务中心的人会记录是谁发的邮件或者打来的电话，所以我们可以从那里开始。简单搜索一下就可以看到，这个人已经成为你的客户好几年，在你的银行里存有很多钱，在推特上发文会提到你，从未退货，按时付款，购买高额利润的货物，等等。

事实上，如果你计算一下，你会看到从这个人身上挣得的收入，是从一名普通客户身上获得收入的8倍。与那些花费你金钱的无名大众不同，这个人是少数几个创造的收入能够变成实际利润的人。

如果我们刚才谈论的是有6名客户的自由撰稿人，上面提到的那些就不是什么新鲜事。当大客户打电话的时候，自由撰稿人立刻就知道有什么事。

但是，我们谈论的是你的金融机构，在那里最不受尊重、工资最低的人正忙着接听客户打来的电话。或者在你的零售商店里，情况都一样。

那么，在电话响起的那一刻，这次互动又为了什么？

如果目标是为了把这件事做完，让对方挂断电话，拒绝承担责任，读准备好的脚本，用上“按照规定”和“我们的政策”这些词，那么，如果继续这么做，就等着看一切分崩离析吧。

另一方面，在这种情况下表现得富有人性所需的成本，与取悦一名超级客户所带来的消费相比，简直不足挂齿。

上车，开车穿过市区，然后出现，面对面谈论客户提到的问题。

跑到联邦快递那里，赶在当天最后一批发货前将货物邮寄给客户，这位客户收到货物时的惊讶和喜悦会持续很长时间，影响深远。

让首席执行官拿起电话，告诉那名客户，你不小心多收了两倍的钱，这会花上几分钟的时间，但是值得的。

我知道你不可能为每一名客户都这么做，但你可以学着去看，并采取相应的行动。

CHAPTER FIFTEEN

第十五章

找到合适的人

关于品牌营销最重要的经验是你绝对、肯定、当然没有足够多的时间和金钱为每一个人打造一个品牌。你如果做不到，就不要尝试了。

目标、战略和战术

在细谈战术前，我们先简单说一下战略与战术。

战术容易理解，因为我们可以罗列使用的战术，你要么使用某种战术，要么不用。

战略就更加模糊一些，战略是你战术上面的一把伞，是战术支持的工作。

而你的目标是你的战略奏效，你押注的事情就会发生。

如果你告诉竞争对手你的战术，他们会窃取，这会让你付出代价。

但如果你告诉他们你的战略，那就无关紧要，因为他们没有勇气或者恒心将你的战略转变成他们的战略。

你的目标是在世界上寻求改变，这个改变可以是为自己挣钱，但更可能的是，在你服务的对象身上促使改变发生。

你的目标就是你的闪光点，是你工作不可动摇的目的地。

战略是你为了实现目标而长期投资的方式。战略高于战术，战略可能为你赢得信任和关注，战略可能会被看作最好的，或许还是唯一的选择。战略可能建立联盟和伙伴关系，让你和你的消息能够正好传递给合适的人。

你使用故事、地位和联系制造紧张和向前运动的方式就是战略。

战略成功的话，可以让你更靠近你的目标。如果失败，你可能需要改变战略，但不要经常这么做。

战术是代表为实现战略你所采取的几十或几百个步骤。如果一个战术失败了，没有关系，因为另一个战术可以取代它，继续支持你的战略。

如果你发现战术不能继续帮助你实现你的战略，可以立即改变你的战术。

可口可乐数代以来都只有一个简单的目标：让更多的人喝更多的可乐。他们的战略就是投放大量的广告，让大众市场相信，可乐是能够让他们幸福的文化中的一部分，以及其他所有人也都在喝可乐。它的广告不停地变化，因为广告的内容就是一种战术。

巴塔哥尼亚（Patagonia，世界顶级户外奢侈品牌——译者注）的目标是让一小拨户外运动爱好者关心环境，并让他们穿巴塔哥尼亚服装来表达这种关心。用他们的话来说，“这些都是无声的运动，不需要发动机，不需要观众的欢呼。在每一种运动中，回报来自来之不易的优雅，以及我们与大自然建立联系的时刻。”

他们的战略是重新定义一些人对环境影响和衣服质量的看法。给那些为数不多的人一个标签和一个工具，让他们能够将他们的愿景传递给他们的朋友，既创造了圈内人，也带来了圈外人。

他们的战术包括寻找回收利用衣服的新途径、在砖造房屋里开设商店、对材料和价格的选择，等等。当一种战术失败的时候，他们不会放弃他们的战略，他们已经坚持这个战略30多年了。

广告是一个特例，成长的一个可选动力

媒体公司、电信公司、快递公司都是通过做同一件事来赚钱：售卖他们显性服务对象的关注。

你可以在杂志、网络或者邮票上购买广告权。在这三种情况下，你都可以到达/打断/教育/联系这个媒介许诺的所有人，任何一个拥有邮票的人都

可以邮寄一封信。

你不用非得努力获取大家的关注，你可以购买。

你不再是圈外人，现在你也是客户。你有现金，可以用这些钱来购买关注，什么时候都可以，只要你能付得起，多大数量都可以。

好消息是当你发现了一种有效的广告渠道时，你可以对其进行大规模投入，快速准确地规模化。

可能你已经猜到了坏消息，那就是很难找到一种有效的广告渠道。

这不意味着你不应该尝试，但你需要清楚自己在做什么，以及为什么这么做。

一条没有被人注意的广告等于没有。

被人注意到的广告，也只是被一些人注意到，而不是所有人。如果被合适的人注意到，就会让这些人紧张不安，关于不知道和想要知道更多的紧张不安，被落到后面的紧张不安，事情可能更好（或者更差）的紧张不安。

几乎所有的电视广告都只是符号学式的噪音。消除观看者心里的疑虑（“就像电视上看到的一样”），让他们相信这是一个安全的品牌，一个你和你的同行都知道的品牌，一个可以在电视上买得起广告的品牌。

广告费用是竞争市场中大公司不得不支付的税额，但这种营销方式并不是对任何一家公司都是现实可行的。

比以前更多，也比以前更少

如今，投放广告的机构史无前例的多。如果你曾点击过脸书上的“发布”按钮，你就为广告事业贡献了一部分资金。

从来没有像现在这么简单或者便宜，就可以让更多的人知道。你可以给领英（LinkedIn，全球最大职业社交网站，是一家面向商业客户的社交网络——译者注）付钱，获得给大人物发送邮件的特权，你可以为你的非营利组织在网上投放免费在线广告，可以很容易为你的会议或者面包糕饼的售卖活动进行促销。

网络广告的魔力包括三个元素：

1. 在网络上，你可以比其他任何一个媒介更加准确地传递给合适的人，合适不只是关于人们外表的统计学因素，更主要的是关于他们的信念和想要什么东西的消费心态学因素。

2. 你可以立即传递给人们。你可以决定在上午10点投放广告，从10:01开始，人们就可以看到你的广告了。

3. 你可以度量一切。

既然广告比以前更快、更便宜、更可度量，为什么广告不是我们营销所应关注的重点呢？为什么我们没有一直讨论广告呢？

因为网络广告也是所有广告里面最容易被忽视的一种形式。

在10万个人面前投放一条网络广告，却没有一个人点击，这是很常见的事情。整个网络广告的开始、运营和结束，没有对文化造成任何影响，这也是经常发生的事情。

广告是付费媒体，是需要购买和付钱的，你想要传递的对象也知道这一点。他们抱有怀疑态度，他们被太多广告淹没了，他们筋疲力尽。

你并没有给接受者付钱来投放广告，但你却希望接受者能把他们的注意力给你。

所以，你会被忽视。

并不是说网络广告行之无效，只是这种形式不是面对所有人的正确答案，至少现在不是。

为什么关注需要花钱？关注的价值是什么？

请不要为免费关注的可能性分心，认为你可以不付出任何努力，就可以让聚光灯充满魔力一般慷慨大方地照在你身上，把你捧成一个名人。

即使是“免费”的宣传也会消耗你的时间和努力。

现在我们来看看广告，对于广告，成本和关注的等式是很清晰的。

在一个受欢迎的精美杂志上投放一条广告的价格是80美元/千次展示的成本，也就是说把你的广告呈现给1,000个读者（广义上的读者）需要花费80美元，或者给每一个人花费不到10美分。

在一个二级网站上向100万个人投放一条广告的价格也是80美元，当然，这些人可能快速看一眼、点击、无视这条广告，他们既不会记住你的广告，也不会采取行动。

任何一个打算购买广告权的人都应该问问“它的价值是什么？”

想要促使改变发生的人通常都很匆忙，投放广告感觉是一条捷径。但是，没有持之以恒和专注，这方面的投资都是浪费。

品牌营销让魔法生效，直接营销让电话响起

莱斯特·温德曼是直接营销之父，直接营销（也叫直销）的名字就是他起的，而且他用这种营销方式帮助美国运通、哥伦比亚唱片俱乐部以及100个其他公司发展壮大。

1995年，我邀请莱斯特加入优达公司的董事会，优达是万维网流行之前我成立的一家网络直销公司。

莱斯特是第一个描述品牌营销与直接营销之间差别的人，但他的观点非常具有价值。多亏谷歌和脸书的崛起，现在直接营销比以往任何时候都

要多。

两者的区别主要在于广告投放之后：

直接营销是以行动为导向的，可以测量。

品牌营销是以文化为导向的，不可测量。

如果你在脸书社交网站上投放了一条广告，可以计算点击次数，然后测量有多少转化，这就是直接营销。

如果你在高速公路边树立一个广告牌，希望人们下一次遇到有人去世时能够想起来你经营的殡仪馆，你就是在进行品牌营销。

你的直接营销完全有可能改变文化（这是很好的副作用），很可能是你投放的广告、散发的目录页、网站的浏览等加起来，改变了人们告诉自己的故事。

你的品牌营销也完全有可能带来一些订单（这是另一个很好的副作用），很可能是你的广告牌让某个人在下一个出口下车，直接递给你钱，或者你对一个播客的赞助让某个人雇用你们公司为其录制。

危险在于混淆不清。

谷歌和脸书超乎寻常的收入增长都只源于同一件事：在这两个网站上投放的很多广告都可以收回成本。在这里投资价值100美元的广告，可以为广告商带来125美元的收益。广告商知道这一点，所以他们买的更多。事实上，广告商会继续购买广告，直到他们收不回成本为止。

另一方面，品牌广告（比如福特、绝对伏特加、高露洁棕榄的产品）塑造我们的文化几十年甚至上百年。但这些品牌以及无数其他品牌，都不可能实行有效的直接营销。所以转到一个可以度量的网络直接营销环境里，一直都压力重重，失败比比皆是。

这里的方法说简单也简单，说复杂也复杂。如果你购买的是直接营销广告，那就度量一切可以度量的内容，计算你获得关注、单次点击、将关注转变成订单各需要多少成本。直接营销是行动营销，如果你没有办法度量，它就不算数。

如果你购买的是品牌营销广告，那就要有耐心，拒绝度量，与文化打交道。只管专注，当然最主要的是保持一致和具有耐心。如果你做不到保持一致和具有耐心，那就不要购买品牌营销广告。

以上两个段落应该足以对得起你在这本书上投入的时间和金钱。我希望你从这本书上获得的回报不只是这些东西，但即便是规模最大、最成功的企业也未能看到，向在线交互的转变可以从根本上改变他们的业务。

宝洁公司为其旗下的汰渍、佳洁士以及其他品牌在电视品牌广告上花费数十亿美元。当电视品牌广告被数字直接广告取代之后，他们的经营模式分崩离析。

当地的比萨店热衷在黄页上投放广告，一个大的广告可以收回成本，与广告连在一起的特殊电话号码可以证明这一点。另一方面，转移到美国商户点评网，既消耗时间，又有风险，既没有控制，又没有可靠的历史经验。

对很多小型企业来说，从昂贵、缓慢、难于度量的品牌广告，转移到迅速、敏捷、可度量的直接广告，是一个积极的转变。但是，如果你想要找到的客户一般都不点击广告的话，你很难做一名直接营销人员。

网上直销简单指南

广告的存在是为了获得点击。

点击的存在要么是为了进行销售，要么是为了获得许可。

销售的存在是为了能带来另一次销售，或者带来口碑宣传。

许可的存在是为了能够进行教育和销售。

过程中的每一步都有成本（你在第一步支付现金，但是后面，你会失去一些退出的人），每一步都会让你距离利益越来越近。

给每一步都分配价值，如果你做不到，就等你什么时候可以做到了，再去投放直接反应的广告。

会不会有些人看了你的广告还不采取行动？当然会有。那是副作用，是文化转变、意识建立的意外收获。但如果你无法测量它，它就不算数。

品牌营销简单指南

你所做的一切，从接听电话的方式到包装的设计，从地理位置到工作的下游效应，从电话里的等待乐曲到执行高管们的行为，甚至你使用的花生式包装材料的种类——所有这些都是营销品牌的一种形式。

你无法进行测量，甚至可能都不会注意到这些。

但是，这很重要。

你已经在品牌营销上花钱了，不要再怀疑这一点。问题是如果你再多花一点钱会发生什么？如果你有目的地花钱又会怎样呢？

如果你能耐心地投入更多的时间和金钱，把你的品牌故事推向世界，你会怎么做呢？

你当然可以在当地报纸上购买整版的广告，或者在网络电视上投放广告，这是此类花费的传统做法，为时已久。你可以在非常短的时间内制造非同一般的反响，这很有趣。它不要求任何人的大宗买进，除了你的老板或者拥有预算的其他人。这就是唯一要做的事，然后你就可以去忙其他的事了。

这或许是花钱最好的方式，赞助一场网球联赛或播客节目或许也会创造奇迹。

或许你应该在你的团队与客户打交道的方式上过度投资，或许你应该在研发上花费几百万美元，或者回到学校提高你的手艺。

关于品牌营销我能够分享给你的最重要的经验：你绝对、肯定、当然没有足够多的时间和金钱为每一个人打造一个品牌。你如果做不到，就不要尝试了。

了解到这些之后，再去把你的品牌营销做得过火，每一次互动的每一个层面都应该反映全部。每一次我们看到你们中的任何一个，我们都应该能够对所有的你们进行八九不离十的推测。

重现率

人们不记得他们读了什么，听到了什么甚至看到过什么。如果幸运的话，人们会记住他们做了什么，但一般，人们对此也不擅长。

我们记得我们排练过的内容。

我们记得我们一遍又一遍见到的东西，一遍又一遍做过的内容。我们记得弗雷德叔叔，他连续二十年来我们家过圣诞节，但我们不记得他的女朋友埃希尔，因为她只来过一次。

我们的记忆优化具有明显的进化原因，我们不得不无情地删减记忆，最容易被删除的记忆就是那些不规则的噪声。

我们记得相册里有照片的事件，但不记得那些没有留下照片的事情。这与拍照无关，而与我们一遍遍演练我们的故事有关，就是我们每次看到那张照片都会讲一遍的那个故事。

在这个过程中，我们被推着将“信任”与一遍遍“发生”的事件和故事联系起来，熟悉的都是正常的，正常的是值得信任的。

营销人员却忘记了这一点。

因为我们会对我们的东西感到厌倦，我们的故事、我们的改变，我们以前听说过，我们记得它。但是，我们觉得无聊。

所以，我们要改变它。

杰伊·莱文森曾说过这样一段名言："当你厌倦了你的广告时，不要改变它们。当你的员工厌倦了你的广告时，不要改变它们。当你的朋友们厌倦了你的广告时，也不要改变它们。当你的会计人员厌倦了你的广告时，可以改变它们了。"

远远不只是广告如此。

你所有的故事都需要重现率，你会尝试一些新的东西、发表一个新的声明、开发一个新的市场……当这些东西、声明、市场等不能立刻奏效时，人们的本能反应就是离开，尝试其他东西。

但是，重现率教给我们的是，我们感到厌倦的时候与人们可以接收到信息的时候，这两者之间存在一个非常真实的差距。

很多人开始一项新的项目，做几次演讲，甚至可能是在TED讲台上，然后他们就去做另一件事。他们推出一个新的自由职业，有了几个客户，然后合同泡汤了，他们就辞职了。或者他们开了一家公司，筹集资金，快速花完，在好事即将发生时就停止不前了。

市场已经练就将重现率与信任联系起来（看，我刚刚又说了一遍），如果你在重现率增长之时退出，那么没有机会赢得信任也就不足为奇了。

搜索引擎优化与盐矿

谷歌的生态系统是在一个神话的基础上建立的，这个神话就是成千上万的企业都会为搜索引擎梳妆打扮，这样当人们搜索时，它们都可以被搜到。

交友网站也提供同样的承诺，社交网站也如此。

只需要简单地融入，遵守所有的规则。当搜索“轮胎商店”“饭店”“自由文字编辑”或“有趣的周末约会”时，我们就会找到你。

这样的承诺忽略了数学运算。

因为搜索引擎会弹出来上千页面，如果认为自己是第一个匹配的选项，我们一定是在妄想。

如果搜索的时候只是用通用术语，我们不会被发现。

要想被发现，应该是让某人对于你和你创造的东西足够关注，所以他们在搜索的时候输入的是你的名字。这样他们就是在寻找你，而不是把你当作一般的替代品。

搜索引擎优化是在搜索结果中对一个通用术语进行排序的做法。一个锁匠、一家旅馆或者一名医生，如果他们在一般搜索中名列前茅，他们会因此获得巨大的利润。但其他人也都在花钱请顾问，使用各种技巧，努力提高在排序中的位置。在这个金字塔体系里，数学运算是被忽略的。

另一方面，一个聪明的营销人员可以创建值得大家搜索的产品或者服务。不是通用术语，而是找到你，你创建的具体的东西。当你这么做的时候，谷歌就会帮助你，他们实际上想让别人在搜索你的时候找到你。

第一步是创建一个产品或者一种服务，让人们足够关注，让他们会具体地搜索这个产品或者这种服务。在使用通用术语的搜索中，你很难获胜。但如果搜索非常具体，赢家总是你。

第二步很容易理解：成为他们唯一想要找到的那个人。

CHAPTER SIXTEEN

第十六章

价格是一个故事

价格是企业成长的发动机，因为价格决定我们代表的内容，我们为谁设计以及我们讲述的故事。

定价是一个营销工具，而不只是赚钱的方式

最终，你还是不得不告诉人们你所提供服务和产品的价格，定价的时候，要记住两个关键点：

营销改变你的定价。

定价改变你的营销。

因为人们会根据你的定价进行假设和联想，而你的定价又会影响人们对于你的服务的看法，所以清楚自己的定位非常重要，你的价格应该与你声称的极端一起成为你定位自己的一部分。

你是那种购买菜单上最便宜的酒的人吗？你是那种购买菜单上最昂贵的酒的人吗？

请注意，上面两个问题都没有提到酒本身，比如它的口味，或者价值。

只是它的价格。

没有人会开最便宜的车［你几乎看不到有人在大街上开二手的南斯拉夫牌汽车（Yugo，被称为历史上最糟糕的汽车——译者注）］，很少有人会愚蠢到开着布加迪汽车（Bugatti，德国大众汽车公司旗下豪华汽车品牌——译者注）在城里转悠。但是，在那些极端之间，会有无数个故事版本。我们告诉自己的故事，我们告诉身边人的故事。

保时捷卡宴没有与它的价格成比例的实用性，它只是一个信号，是我

们在私家车道上方飘扬的一个银色或者红色的旗子，用来提高我们自尊心的标志。

当然了，价格不只是一个信号，它还是我们企业成长的发动机，因为价格决定我们代表的内容，我们为谁设计以及我们讲述的故事。价格会创造（或者消除）利润，而这个利润正是我们可以用来拓展营销要用到的钱。

想想烘焙师。如果一条面包的原料和开销加起来需要1.95美元，我们来看看以下三个极端：

零售价格是2美元一条的话，每条面包的利润是5美分。

零售价格是2.5美元一条的话，每条面包的利润是55美分，每条面包可以获得的利润增长了10倍。

如果零售价格是3美元一条面包，每条面包可以获得多于1美元的利润，是第一个价格所获利润的20多倍。

定价高的烘焙师以3美元卖出一条面包所获得的利润，需要以2美元卖出一条面包的烘焙师卖出21块面包才能获得，21倍就是一个小时几个客户与门外客户排长队之间的区别。

“但是，”我们会说，“我们的客户更愿意支付较低的价格。”

或许是。但是，他们会如何评价一尘不染的商店、收入不菲又乐于助人的店员、窗户上新的指示牌、当地棒球队员穿着印有你们标识的新球衣？他们会怎么看待买面包赠送的精美购物袋，更不用提你们提供的免费黄油饼干样品？当他们告诉朋友他们吃的面包与街上那家高级饭店提供的面包一样时，他们会有什么感觉？

最好为一次不当的定价道歉，也不要为一百次小小的忽视找借口。

价格就是一种信号。

不同的价格（不同的人）

贵格会发明了价格标签，在那之前，大家普遍认为所有东西的价格都不是固定的，每个人都会讨价还价。

但梅西和沃纳梅克两个百货公司需要做大，要引进大型的商店，而店员工资又不高，所以没有办法培训和信任那么多人去尽心讨价还价，于是他们效仿贵格会，开始大规模使用价格标签。

贵格会最初发明价格标签，是因为他们认为向不同的人收取不同的价钱是不道德的。而价格标签得以流行，是因为实业家们和大企业喜欢标签带来的效率。

但是，就像其他东西一样，互联网改变了一切。

一方面，你可以说价格就是这样。特斯拉就是这么告诉豪华车买家的，而且说这话的时候还解脱式地叹口气。但当优步想要用定价匹配需求时，这让他们的品牌失去了数十亿美元的信任。

对于大部分企业，尤其是小企业，最难的部分不是给不同的数量定价这项技术。

而是讲故事。

我之所以提到这一点，是因为这是理解价格的故事（以及故事的价格）的有力方式。当你发现你得到了一个别人没有的折扣时是什么感觉？如果这是你应得的呢？如果其他人得到的折扣你没有得到，你又是什么感觉？

众筹网站所具有的稀缺性和定价又如何呢？错失差不多已经饱和的机会的恐惧能够推动你采取行动吗？

“便宜”是“害怕”的另一种说法

除非你找到了一种非常新颖的方式来呈现服务或者产品，否则“竞相成为最便宜的”很可能意味着你在改变上的投资还不够。

当你的是最便宜的时候，你就没有承诺改变，你只是在承诺是一样的，只不过更便宜而已。

竞相降价很有诱惑力，因为没有比卖得更便宜更容易做到的事了。这不需要新的计算，也不用认真考虑你的客户。这与文化或者情绪无关，只是更便宜了。

低价是已经山穷水尽的营销人员最后的一个避难所。

那么免费呢

如果营销是为客户而做，也是与客户一起做的事情，为什么不能让一切都免费呢？

这里有两个原因：

1. 参与到一场交易中与遇到一个免费共享、显然毫无价值（或者至少没有价格）的东西，从本质上讲是不一样的。当我们必须决定购买时，稀缺、紧张不安和准入都存在，而当购买是真正免费的时候，这些东西都被营销人员牺牲了。

2. 没有现金流，你无法给你的产品、团队或者营销投入资金。

但是，在其他场合，因为其他原因，免费是值得考虑的。

免费不是简单地少1美分或者少1美元，免费是完全不同的交易类别，就像除以零一样，它可以扩展到无穷大。

一个免费的想法比一个与金钱挂钩的想法更容易传播，而且传播得更快。

如果脸书每个月的使用费为3美元，它的用户数量可能不会超过一百万。

如果需要花钱才能听到电台的热门歌曲，排行榜前40可能会消失。

然而……

如果把一切都给出去，我们不知道该如何营生。

走出这一悖论的方法就是将两个东西联合起来，结为联姻：

1. 可以传播的免费想法。

2. 令这些想法值得付钱的昂贵传播方式。

当一个厨师给出她的食谱，或在播客上出现，或组织在线研讨会时，她就是在免费提供她的想法。很容易找到这样的想法，经常与他们打交道，与他们分享。

但是，如果你想品尝一下她饭店里白色桌布上装在瓷盘子里的面食，就要花24美元。

一首歌在电台播放是免费的，但演唱会的门票价格是84美元，这样歌手就得到了补偿。

瓷具和门票都是创意的纪念品，纪念品一般都比较贵。

有无数种方式可以让你分享你的愿景、想法、数字表达、与人连接的能力，而且都是免费的。

每一种方式都可以建立意识、许可和信任，这给你提供了一个平台，让你售卖一些值得买的东西。

信任和风险、信任和费用

理性的做法是相信在进行有风险的交易之前，我们更可能要求信任。

而且人们在花费一大笔钱（冒一种风险）或者投入时间和努力之前，也更可能希望获得更多的信任，这也是合理的。

然而，很多时候情况恰恰相反。

交易是有风险的，这个事实引起了认知障碍。我们发明一种信任的感觉，正是因为我们花费的很多。“我是一个聪明人，聪明的做法应该是，在投入毕生积蓄（或者我的生命）之前，我要确保信任某个人，所以我必须信任这个人。”

这就是新兵训练营存在的意义，我们高成本的参与（血汗、泪水）让我们与集体融为一体。

这就是为什么人们会在拓展训练的时候改变自己。

这就是为什么高端的饭店和酒店能够经受住负面评价。

当人们大量投资（现金、声誉或者努力）时，他们经常会编造一个故事，来证明他们的投入合情合理，这个故事里就带着信任。

每一个骗子都清楚这一点，讽刺的是，需要被信任的营销人员往往不理解这一点。

降低价格不会让人们更加信任你，结果恰恰相反。

慷慨地对待变化，勇敢地对待生意

说起慷慨，如果你想到的是免费的工作、不停的折扣和没有补偿的加班，那你就错了。这些都不是真正的慷慨，因为你没有办法持续进行这些活动，因为你很快就会违反你之前的承诺。

用你的勇敢、同理心和尊重来展现你的慷慨，这才是真正的慷慨。

你的客户希望从你这里得到的，就是让你对他们足够关心以改变他们。

制造紧张不安来带动向前的运动。

开展情绪劳动让他们敞开怀抱迎接可能性。

如果你需要收取很多费用才能做到这一点，这仍然只是一场交易。

案例分析：在联合广场酒店集团不用给小费

连续十多年，《纽约查格指南》上评价最好的饭店就是联合广场餐馆。

多年来，经营这家餐馆的公司在纽约增加了十多家外界评价很高的饭店（在这个过程中，奶昔小站Shake Shack从公司脱离出来组建成一个独立实体，其资产超过十亿），共同构成了联合广场酒店集团（Union Square Hospitality Group，USHG）。

2016年，他们开始取消小费，这让很多人感到非常吃惊。

他们不再收取小费，而是将产品价格提高了20%。他们把增加的收入用于提供产假、平衡工资，以及把他们的团队打造成专业团队的机会。这种转变意味着饭店后面房子里的人（真正给你做饭的人）待遇更好了，这意味着服务人员有了一种激励，愿意一起工作和轮班，像医生、飞行员或者老师一样——为了工作而工作，而不是为了小费。

这是了不起的领导，但它也带来了一系列的营销问题。

如何向一个经常惠顾的顾客解释价格上调和取消小费？这个人很看重给小费造成的特殊关系，因为他认为自己比一般人给的小费多。

如何向一名游客解释呢？这个人在预订之前就在网上对比菜单价格，不知道不计小费会让这家饭店的价格看起来比实际便宜得多？

如何向员工解释？尤其是收小费最多的服务员，他们眼睁睁看着自己的收入减少了。

这是进行的什么改变？是为谁准备的？

其中一个重要的见解是，这样的改变不是为每一个人准备的。比如，一些用餐者通过留下一大笔小费来享受他们获得的地位。他们给小费的时候动作比较夸张，对于那些富有的人，给小费可以让他们花很少的钱就获得一种兴奋感。联合广场酒店集团不能再提供这种兴奋感了，“对不起，这不是为你准备的。”

另一方面，把关系当作一种地位的用餐者会发现，在合适场合真诚的感谢，比因为给小费太少或者太多而带来的恐惧要好得多。

更好的是，世界观里看重公平和尊严的用餐者现在几乎不会光顾其他餐馆了。想一想在这两种餐馆进行选择，一个是员工很投入、待遇公平、工作有尊严，一个是等级观念破坏了所有这些东西。在那家与你世界观一致的餐馆里，你更容易成为常客。

很少有人会一个人在餐厅用餐。联合广场酒店集团给请客的人一个机会，让其通过美德信号获得地位。他们给用餐者一个他们可以告诉自己（和其他人）的故事——这个故事是关于选择餐馆这样的小行为，是如何联系到更大的有关种族、性别和收入不公等问题的。

这个故事不是为每一个人准备的，而是为合适的人准备的，它改变了人们的体验。

它是为谁准备的？它有什么作用？地位是如何改变的？我会告诉其他人什么？

CHAPTER SEVENTEEN

第十七章

良性循环中的许可和卓越

真正的许可是这样的：如果你不再出现，人们会关心，他们会问你去哪里了。

许可是预期的、个人的和相关的

20多年前，我在《许可营销》(*Permission Marketing*)中讲述了一场革命的开始。

与关注有关，稀缺的关注。

营销人员们过去一直在偷取、滥用和浪费人们的关注。

垃圾邮件是不花钱的，所以垃圾邮件越来越多，一开机就是垃圾邮件。

向电子邮箱发送的广告当然也包括在内，还有其他各种各样的垃圾邮件。商家一刻不停地想要偷走我们的关注和宝贵的时间，而这两者一旦被偷走了，我们是要不回来的。

还有另外一种选择，把预期的、个人的、相关的信息传递给希望得到这些信息的人的特权。

这看起来没有什么可争议的，但过去却饱受争议。

我在25年前就看到，垃圾邮件无法做大规模。人们的关注真的非常宝贵，自私的营销人员需要停止偷窃人们投入了就无法再制造的东西。

我和我的团队围绕这个理念成立了一家公司，优达一度发送、接收、处理的邮件数量，比世界上其他任何一家公司发送、接收、处理的邮件数量都要多，而且，我们发送邮件的时候都是经过与我们打交道的每一个人许可的。我们邮件的打开率超过70%，回复率平均达到33%。

这是2018年一个典型商业邮件被打开和回复几率的1,000倍。

那个时候，在花钱做广告之前，在那之前很久，就有这种获得这笔财富的理念，这种与如果你离开就会想念你的人说话的特权。

许可营销识别出最好的客户忽略营销的新能量，它意识到，给人以尊重是获得他们关注的最佳方式。

关注是这里的关键词，因为许可营销人员明白，当有人选择注意你的时候，他们实际上向你投入了非常有价值的东西。而且，就算他们改变主意，也没有办法把已经投入的注意力收回。注意力成为一种重要的资产，值得重视而不是浪费的财富。

真正的许可不同于假定的或者法律上的许可，你不知道通过什么方式获得了我的电邮地址，并不意味着你就有权使用它给我发邮件。我没有抱怨，并不意味着你获得了我的许可，它在你的隐私策略细则中，也并不意味着那是许可。

真正的许可是这样的：如果你不再出现，人们会关心，他们会问你去哪里了。

获得许可就像约会一样，不能从一开始根据第一印象就要求别人购买你的东西。你需要时间，一点一点地争取这个权利。

除了缺乏关注之外，许可营销的关键驱动力之一是与那些想要听你说话的人建立联系所需的成本非常低。一点一滴，一条信息接着一条信息，每一次联系实际上都是不花钱的。

简易信息聚合（RSS）、电子邮件和其他技术可以保证，你每一次有话要说时可以不用担心邮费或者网络广告费。送货上门是送奶人的权利：这是许可的本质。

脸书和其他社交平台似乎是一条捷径，因为看起来好像通过它们联系到新朋友变得容易。但是，在上面进行交易时不要忘了你只是一个佃农，那不是你的土地。你不允许随意联系人们，他们才可以。你没有资产，他们才有。

每一个出版商、每一家媒体公司、每一个有想法的作者，都需要拥有许可资产，也就是不需要中间人直接就与人联系的特权。

许可不一定非常正式，但一定要非常明显。如果我的朋友需要借5美元，他拥有给我打电话的许可，但你在商品展览会上遇到的一个人，却没有这样的权利向你推销他的整份简历，即使他是买了门票才进来的。

订阅是许可的一种公开行为，这就是为什么送货上门的报纸读者是那么宝贵，为什么杂志的订阅者比报刊亭读者的价值更高的原因。

为了获得许可，你需要做出承诺，你要说："我会做一、二、三，我希望你能通过倾听给予我许可。"然后——这才是困难的部分——你做这些就行了。不要以为你可以做更多，你不需要把清单上的东西都卖出去或者租出去，也不需要他人更多的关注。你可以承诺寄一封给特定读者定期寄发的通讯，跟我聊上几年；你可以承诺每天一次简单讯息聚合订阅，每隔三分钟跟我说一次话；你可以承诺每天都做一次商品宣传（就像互联网零售商Woot的经营方式）。但是，承诺就是承诺，直到双方同意改变为止。不要以为仅仅因为你要竞选总统、进入了四分之一决赛或者发行了一款新产品，就有权利打破交易原则，不能这么做。

许可不一定非得是单向的广播媒体，互联网可以让你以不同的方式对待不同的人，要求你能分清楚，如何让你的许可对象选择，他们以什么样的形式听到什么内容。

听起来好像做许可营销必须要有谦逊和耐心，那是因为事实的确如此，这就是为什么很少有公司能做到这一点。在这种情况下，最好的捷径就是根本没有捷径。

如果你没有发送下一封群发电子邮件，有多少人会记起这件事，想知道原因（或者抱怨）？这是一个值得度量和看重的指标。

一旦你获得许可，就可以进行教育，你拥有了准入权。你可以慢慢来，讲一个故事。你可以日复一日地、一点一滴地跟他们打交道，不要只是你对着他们说，要与其沟通他们想要的信息。

在《许可营销》出版后不久，丹妮·利维推出了一个名为《糖果生活》（DailyCandy）的邮件通讯。这个邮件主要是针对城市里的人，尤其是寻求当地销售、舞会和联系的年轻女性。这笔资产价值连城，她最终以1亿多美元的价格卖掉了它。

每个播客都有这样的资产，一个定期收听最新表演的订阅者库。

每一个成功的政治家也有一份这样的资产，一群积极的选民，他们迫切希望听到这个政治家的下一次演讲，与别人分享或者采取行动。

保护好它，它比你办公室的笔记本电脑或者椅子更有价值。如果有人带着笔记本电脑或者椅子走出办公室，你会解雇他们。如果你们团队有人只是为了让某个指标上升而向这个资产列表上的人发送垃圾邮件的话，你也要解雇他们。

争取你自己的许可，并且占有它

当我们因为社交媒体平台拥有很多用户而使用这个平台时，我们并没有真正在建立一种资产。

当然，现在你可以在这个平台上联系你的粉丝，但是，时间久了，这个平台会通过向你收费来挣钱，而不是赠送他们的工作。

所以，你需要在发文的时候想一想，如果这个平台想提高它的股票价格会发生什么。

如果许可是你工作的核心，那就去争取并保住人们的许可，只与那些愿意倾听你的人沟通。许可最简单的定义就是如果你不出现，那些人会想念你。

你应该占有人们的许可，而不是租用。

图马·巴萨和嘻哈音乐榜单

2015年，声田（Spotify，一个正版流媒体音乐服务平台——译者注）为了稳固自己的市场，聘用了音乐界引领流行风尚的人物图马·巴萨，与苹果新推出的唱片节目主持人榜单相竞争。巴萨接管了嘻哈音乐榜单，短短几个月之内，订阅户就增加到300多万名。这些订阅户都是给予声田（以及巴萨）许可，让他们可以与之分享音乐的听众。

不到三年的时间，他已经让这个名单增加到900万人。

他建立了音乐市场最重要的资产，比任何一家电台的资产都要大，比任何一家杂志的资产都要重要。

巴萨每介绍一位新艺术家，这位艺术家就会成为一名超级明星（卡迪·B就是靠钱砸出来的）。每周五早上，播放列表都会更新，到那一天结束的时候，热播歌曲的排行榜就会变化。

声田不需要拥有电台频率或者一本杂志，相反，他们拥有许可资产，许可、关注与准入就会驱动商业。

带着慷慨出现

你从一开始是怎么获得许可的？你怎么与想从你这里得到更多信息的人联系的？

那些关注新事物的人（慕新族）的世界观驱使他们去寻找新的声音、

新的想法和新的选择，在你的市场上，这样的人并不多，但可能已经足够了。

当漫威公司想要推出一个新的超级英雄系列时，他们不会一开始就在全国各地播放电视广告，相反，他们会去圣地亚哥动漫展。

动漫展具有许可，来自疯狂粉丝和慕新族粉丝的许可，可以帮助他们开始新的想法，找到下一个大事件。

这就是发行《死侍》电影的地方，不需要说教，只需要慷慨出现就行。

一个即将到来的特别吸引力。

一次导演的采访。

真实的新闻。

这个电影一年内都不会上映，他们在那里不是为了卖票，而是为了获得许可，然后获得关注，获得给想听的人讲述他们故事的特权。

最重要的是，这是一个信号，是告诉部落核心成员，人们已经开始关注的一种方式，这是像我们一样的人明年会谈论的事情。

在动漫展，电影市场所占的比例非常小，那不重要，重要的是他们故事的质量、他们同理心的深度以及慷慨大方。

然后，如果他们做得对，消息自然会传播开来。

做到卓越来转变你的计划

直接传播你的消息几乎是不可能的，太贵，太慢。找到一些人，打断他们，让他们准入，一个接一个……这是一项艰巨的任务。

另一种做法就是，有意创造一种人们认为值得讨论的产品或者服务。

我把这称为“紫牛”。

值得注意的是，某件事是否卓越，不是由你这个创造者来决定的，你可以尽力做到最好，但是最终的决定取决于你的用户，而不是你。

如果他们对其进行评论，那就是卓越的；如果他们对其进行评论，消息就传播了。

如果对话可以将你的使命向前推动，那么其他人就会参与到你的想法中去，这个过程就会继续下去。

当然，说起来容易做起来难。

你必须用心做这件事，将其深深植入你的产品或服务中。

也就是说，有效的营销人员也要负责客户体验。

无礼/幼稚/紧急/自私与紫牛不同

在绝大多数情况下，没有耐心的营销人员会使用引人注目的花招，这些花招都源于自私。

当你做出更好的东西，并且让人们很容易就谈论这些东西时，你就是在为人们服务。某人谈论你的最好原因就是他们实际上是在谈论他们自己："看我的品味多好"或者"看我多么善于发现重要的想法"。

另一方面，如果我们准备批评你，指责你，谈论你是如何越界的，我们这么做是向我们的朋友和邻居发出一个信号，那就是应该避开你，你让事情变得更糟糕。我们不会留意你花了多少钱，你越了什么界，或者这个工作对你有多重要。

不，当消息能给我们带来好处——我们的口味、我们的地位、我们对于新颖和改变的渴望的时候，我们就会让更多的人知道。

《搏击俱乐部》中止规则

恰克·帕拉尼克在《搏击俱乐部》小说中写到的第一条规则就是你不

能谈论搏击俱乐部。

小说中，一旦合适的人（世界观）听说了搏击俱乐部，那条规则就是邀请他们谈论搏击俱乐部。随着它的增长，谈话也在增加，这又符合梅特卡夫定律（Metcalfe's Law，一个关于网络的价值和网络技术发展的定律）。

匿名戒酒者协会是一个庞大的组织。很难做到真正的匿名，一个积极会员经常采取的一种立场就是，当我们有疑问的时候，我们会谈论匿名戒酒者协会，因为谈论这个协会是一种慷慨的行为。它会消除耻辱，是一个救生筏，是一个联系的团体，一个为他人做别人为你做过的事的机会。

想法现在是横向传播的：从一个人到另一个人，而不是从企业到客户。我们从最少的可能核心人员开始，给他们一些可以谈论的事情以及这么做的理由。

我们选择什么来营销取决于我们自己。如果你寻求发生的改变不能被谈论，或许你应该找到一个新的值得促使发生的改变。

设计要方便推荐宣传

匿名戒酒者协会的一些成员会给非成员带来紧张不安，他们迫切地（并且慷慨地）靠近有酗酒问题的人，并提供帮助。

他们或许认为，社会压力会让我们生病，也会让我们变得更好。

推荐宣传不好做，给同事或者朋友带来紧张不安是充满风险的。避免更容易一些。

创造你想要的改变的艰难部分始于将推荐宣传设计到你创造的东西里，人们不会因为它对你很重要就开始传播消息，他们传播消息只会是因为它对他们很重要，因为那会帮助实现他们的目标，允许他们为自己讲述一个他们引以为豪的故事。

CHAPTER EIGHTEEN

第十八章

信任和关注一样稀缺

在这个世界里，人们走马观花而不是仔细研读，偏爱流言蜚语而不是探寻求索，然而采取行动才是赢得信任的最佳方式。

什么是假的

互联网因为从属关系而蓬勃发展，其核心在于同伴间联系产生的魔力。

然而有些偏爱管理控制而非从属关系的力量，将其视为一种威胁。这些人在我们建立文化信任的同时，也通过多种渠道制造信任危机的浪潮。

此外，令人遗憾的是，当我们希望有些顶梁柱可以率领我们的时候，他们所暴露的不当行为以及流露出来的贪婪，彻底摧毁了我们暂且给予的信任。

后果便是，越来越多的人联系在一起，但值得信任的人却越来越少。很多时候，科学和事实中也夹杂了太多有意的曲解以及过于草率的解读，这就导致了我们不能轻信精神机构、主流媒体、政治家、社交网络以及路边陌生人的任何说辞。

与此同时，各类不和谐的噪音不期而至（信号比以往任何时候都少），假货、仿制品铺天盖地，信任危在旦夕。

该信什么，又该信谁

在这种不信任的真空状态下，营销人员会遇到下面三种境遇：

- 被忽视
- 偷偷摸摸

- 被信任

如果你被忽视了，那便一无所得，因为不但没有赢得信赖，而且连关注也没有得到。

如果是偷偷摸摸，说一套做一套，这样或许能够偷得些许关注，赚得几分虚假的信任，却不能长久。

第三种方法——被信任——也只有被信任才不至于让投资血本无归，幸好这也是最容易接受的境遇。

一个被信任的营销人员会获得人们的准入，他承诺也信守承诺，进而赢得更多人的信赖。他讲述故事，无人打断，因为随着信赖而来的是人们的关注。这个故事会吸引更多客户的准入，随之而来的是更多的承诺和更多的信任。又或者如果故事组织恰当，引起了共鸣，还会带来口口相传，让其活跃在同伴间的谈话中，而这类谈话正是我们文化的焦点。

怀疑的好处并非一个神话，疑点很多时，你不大可能从中获益，只有当人们真正朝着他们认为你要去的地方行走，当他们的身份和地位已经岌岌可危的时候，你才会得到好处。

然后，改变就发生了。

对行动的信任

在这个世界里，人们走马观花而不是仔细研读，偏爱流言蜚语而不是探求寻索，然而采取行动才是赢得信任的最佳方式。

我们会很快忘记你说过什么，却仍会记得你做过什么。

当我们碰上残次品想要退款时，你做了什么；当你丢失了我们的数据时，你做了什么；当你不得不关闭工厂让我们的工作岌岌可危时，你做了什么。

营销人员花费大量的时间讨论，期待着弄明白怎么说才好，而我们最亟须做的，是要花更多的时间采取行动。

说话意味着将精力集中在为大众召开新闻发布会上。

沉默则是在没有人关注的情况下，专注于你所做的事情，一次面对一个人，日复一日。

在部落里闻名

名气带来信任，至少在我们的文化中如此。

每个人都在大约1,500人的圈子里闻名。

有些人甚至可以在3,000人的圈子里闻名。

这是一个让人惊讶的新现象，如果有三千人、一万人甚至五十万人认识你的话，是会改变一些事情的，不仅是因为他们听说过你，还因为他们信任的人同样对你有所耳闻。

如果你是一名商业顾问、设计者或者发明家，又有合适的三千人的社交圈子，那便足够了 。

因为目标不是要使你的社交圈子尽可能广，而是在一个有效的最少受众中闻名。

公关和宣传

通常，营销人员会自我宣传，他们想要精美的视频剪辑、出色的文案、期刊的特写，让更多的人知道。如果你雇用了一个公关公司，很有可能你是在雇用一名公关人员。

如果宣传效果好，那就太好了，为什么不这么做呢?

但是比起宣传本身，你可能更需要的是公关。

公关是一门艺术，即用合适的方式把你的故事讲给合适的人。它很乐意不去理睬不惜一切成本所开展的宣传（“只要他们知道我的名字怎么写”），来换取营销人员对想法来源的依赖。

名气争夺赛正在进行，而借助互联网所诞生的社会和部落联系使得竞争更加激烈了。名人赢得了我们很多的信任，但随着时间的推移，名人越来越多，到了人人都是名人的时候，信任无疑会消退。只是目前来看，我们给予名人的信任和怀疑是很有价值的。

CHAPTER NINETEEN

第十九章

漏 斗

人们在漏斗中穿行而过——从陌生人变成朋友，再从朋友发展成客户，最终变成忠实客户，这期间他们的信任状态也是在不断变化的。

信任不是一成不变的

拿一个漏斗来说吧，里面有许许多多的裂缝和小洞。

你让自己的注意力从漏斗的顶部倾泻下去。

漏斗底端所留下的便是你忠实可靠的客户了。

漏斗的顶部和底部之间，会有很多人被筛选出局。他们暂时走开，甚至彻底离开，因为你所能提供的和他们预期的不匹配，你承诺的和他们听到的也有出入，以至于信任逐渐崩塌。又或者仅仅只是不合适，也有可能是有其他更吸引他们的东西，又或者是因为生活阻碍了他们。

人们在漏斗中穿行而过——从陌生人变成朋友，再从朋友发展成客户，最终变成忠实客户，这期间他们的信任状态也是在不断变化的。

经过一系列的内心冲突和经历，他们可能变得更加信任。或者，更有可能的是，他们更加心不在焉、恐惧害怕，更加渴望逃脱，因为答应一件事比单纯的走开更有压力。

你可以修补你的漏斗

1. 你可以确保你的漏斗吸引到合适的人群。

2. 你可以确保对吸引的人群的承诺与他们期待达成的目标保持一致。

3. 你可以删除某些步骤，以减少不必要的决策。

4. 你可以支持与你打交道的那些人，强化他们对于梦想的信念，抚慰他们的恐惧。

5. 你可以运用紧张带来向前的运动。

6. 最重要的是，你可以给那些已经加入漏斗的人群提供一个扩音器——一个传达讯息给其他人的工具，像我们这样的人会做这样的事。

漏斗数学：凯西・奈斯塔特

凯西发布在YouTube上的一个短片通常会有超过1,000万次的点击量，这是一项许可资产。人们关注他，并愿意分享他的作品。

在最近的一个项目里，他许可观众（我看到视频时，已经有一百万次的点击量了）进入他在Twitch（一个面向视频游戏的实时流媒体视频平台——译者注）上的直播流媒体。

我点击链接，发现它已经被浏览了一万八千次，也就是说每五十个人中就有一个重复点击。

Twitch视频上，有成百上千条评论，数不胜数，我们姑且算作一千。

也就是说每18个人中会有1个人发布一条评论。

而这千名评论者中，也许会有五名继续采取行动，比如参与成为凯西新项目的用户。

从一百万到一万八千，到一千，最后锁定数字五。

这就是漏斗运作的机制，然而你最终获得的数字或许会有不同。

他是凯西而我们不是的原因，不在于凯西优化了自己的漏斗，而在于他漏斗的顶部不费吹灰之力便吸引了无数的人加入到他的队伍。

一旦你赢得了这种信任，一切都会越来越好。

可持续的直接营销漏斗

这里有一个特例，这个漏斗现在被成千上万争相从谷歌和脸书购买广告的用户所追捧。

2017年，这两家公司的收益超过千亿美元，其中有约一半的资金都用于全球范围下的网络广告宣传了，几乎所有的广告都被测量过，都与漏斗有关。

花费1,000美元进行在线广告宣传，面向的人群高达100万。

获得20次点击量。

这意味着每次点击的成本价是50美元。

这些点击的人群会打开你的网站，每10个人里面有1个人会下订单。

也就是说每个订单的成本是500美元。

如果你在我们所描述的这项业务中很幸运的话，一个客户的终身价值会远高于500美元，也就意味着你可以循环往复地以同样的价格，买更多的广告，赢取更多的客户。长此以往，坚持下去，广告会为自己付费，多么神奇的力量！

当然，你盈利的大部分资金会落入广告商的腰包，这也是那两家公司如此成功的原因，他们几乎搜刮了所有广告客户的绝大多数利润。这也是为什么谷歌在每笔销售中可能赚取100美元，而广告客户做了所有工作，却只有10美元的收益。

但你依然可以忍受，因为下笔销售的利润仍旧可观。一回生二回熟，以后买广告也会更容易一些了。

漏斗继续向前推进。

这是直销商梦寐以求的。广告为自己付费，却由你把关。你来判断什么有效，坚持做什么，并将其做大做强。

值得注意的是，很少有机构在做这道数学题时保持头脑清醒，他们花钱，却只知道祈祷，期待着利润不请自来。

但你要是小心谨慎的话，便会明白是什么让你把注意力都放在了消耗资金的漏斗顶部，也会努力提高潜在客户的质量，还有营销过程的效率。

不管用什么方法，努力降低首次点击的成本。但如果你想要通过广告中一个荒谬的承诺来实现这一点，是会适得其反的，因为一旦进入漏斗，人们便不再信任你，紧张将消失，你的收益也会骤然暴跌。

相反，你要将注意力放在考虑改变哪些步骤，或删除哪些步骤上。在让他们给你送钱之前弄明白，如果人们对你的想法或社区感兴趣时会发生什么。投资客户的终身价值，为他们提供新的产品或服务，而不只是没头没脑地四处奔波，寻找新的客户。

初入营销行业时，我猜测只有不到5%的广告商会全面衡量他们的结果，因为在电视、广播以及出版行业做这样的估量太难了。到了今天，我猜这个数字接近60%，因为所有的数字都是明白张贴的，然而我们并没有对这些数字的含义进行深思熟虑的分析。

漏斗数学的旁白

我不知道为什么漏斗数学会让那么多人感到困惑，但你如果有足够的耐心一步步来做，就不难发现其间的奥秘。

最重要的是要找到客户的终身价值。以一个简单的例子来说，一个忠实的客户对一家超市来讲，意味着什么呢？

要是我们做的只是计算客户一次到店消费的金额，那可能只是一两美元而已，超市也就没有丰厚的利润可言。

如果是偶然消费的客户变成常客了呢？如果他每周光顾两次，每次购买100美元左右的食品杂货，而且生活在那个社区5年的时间一直这样呢（在很多郊区并不罕见）？销售额会高达5万美元，甚至更多。哪怕利润率只有2%，久而久之，商家从每位新客户身上所赚取的利润也会累计到1,000美元。

还有……

要是你的超市与众不同，一旦有人光顾，他便有可能告诉自己的亲朋好友与左邻右舍，说不定其中也会有谁成为常客呢？如此看来，每位新客户便更有价值了，因为他们可以带动超市的增值。

漏斗如此有效，也就不难理解，城镇居民举办活动时，超市应该非常乐意为其提供赞助。

这也难怪，如果有客户抱怨4美元买到的西瓜没有熟透，超市会不假思索地道歉并退款，毕竟争执起来要损失1,000美元的利润，对于超市而言，显然并不划算。

借助技术和服务，我们可以走得更远。像Slack这样的软件，其早期客户的终身价值可能高达5万美元甚至更多。如果我们不仅算上这些客户长期以来的以及他们所带动的同事的消费价值，还算上挤掉竞争者后自身的增值，以及成为赢家后股权的价值，不难得出这样的分析：最初的那1,000名客户，如果他们是合适的人群，其价值是不可估量的。

如果那是终身价值，又是什么样的漏斗呢？等式那端的成本部分是什么呢？

为了更简单地思考这个问题，不如拿邮票来比喻。

假设一封信件要耗费50美分的邮资，为了招揽一位客户，你需要寄多少封信呢？

在过去的直邮时代，我们需要了解的也就只有这么多。

假设你需要寄出1,000封信才能拿到一个订单，那么也就意味着每单要消耗500美元（因为每封信耗资50美分，不是吗）。

假如客户的终身价值有700美元，你要做的就是尽可能多地买邮票寄信！话说回来，要是客户的终身价值只有400美元呢，显然有点得不偿失。你需要一封更有说服力的信或更好的一桩生意。

这也是为什么你熟知里昂比恩（L. L. Bean，美国著名的户外运动品牌——译者注）、Lands' End（成立于1963年，世界上15家最大的邮购公司之一——译者注）和维多利亚的秘密（Victoria's Secret，全球最著名的性感内衣品牌之一——译者注）这些品牌，那是他们买了很多邮票的缘故。

互联网的宣传速度更快、更有力，无孔不入。

在互联网上，你并不直接从邮局购买邮票，而是从谷歌或脸书上购买点击量。

通过点击，可以进入某个网站。

再接着点击，进入网站的另一个区域。

也可以发送电子邮件或者下载试用版。

而这会引发一个接一个的连锁反应，直到你产生足够的兴趣转变成付费用户。

自第一个点击至最后一个点击之间所有的点击，都让你的漏斗成本更高，但如果你跳过了太多的点击，便没有人会充分相信你，并在你那里消费。

如果你的产品和服务令人满意，客户会愿意长久与你合作，进而产生我们之前所谈及的终身价值。

要是你琢磨不透漏斗，就不要买广告了吧。

如果你估算漏斗所需的成本超出了自己所能支付的能力，也不要买广告，先修复漏斗再说。

关于漏斗的真相

真相是它并不能产生源源不断的神奇结果。

我也希望它会，但很可能不会。

虽然会有很多人乐意向你推销奇迹—— 一个自行运行的、被动的收入漏斗，但有如此神力的漏斗却罕见之极。

这是因为新客户的终生价值很少有超过吸纳新客户所需的广告费用。

人们不太容易产生信任，网络又如此混乱，以至于广告很少有足够的力量来为自己买单。人们见过太多的广告，听过太多的承诺，然而广告宣传所需的价格也严重暴涨。

事实上，大部分有影响力的品牌以及生命力旺盛的机构，虽然都有广告宣传为其做好准备铺垫，却都是因良好的营销策略才得以茁壮成长的。他们成长是因为用户向朋友们推荐宣传，因为他们是有生命的实体，为其所服务的社区提供更多的便利；因为他们能够实现文化上的创新，并让很多人群对它发生兴趣。

你为完善漏斗所做的努力都是值得的，但要试图发明一个不断产生利润的永动机却是自讨苦吃，因为这会把人逼得过快过紧，以至于精力不支，难以持续。

目标就是要针对那些慕新族、那些想要结识你的人发布广告，随着你的重现率，他们就会对你产生信任。先是试探着打交道，而后生成口碑，口口相传。通过建立一个一群人组成的网络来完成最终的支付，而你的工作则是指导他们完成自我认知和决策的执行。

很容易跳过最后一步，也就是第一次点击之后发生的事情。如果你一味寻求简便，即便花费重金，换来的也极有可能只是不满意的结局。

长尾理论下的谋生

看了下图，克里斯·安德森（被誉为“信息时代的精神领袖”，先后提出了很多影响深远的经济学理论，其中最著名的包括“免费经济模式”和“长尾理论”——译者注）在“长尾理论”上的成就便一目了然。

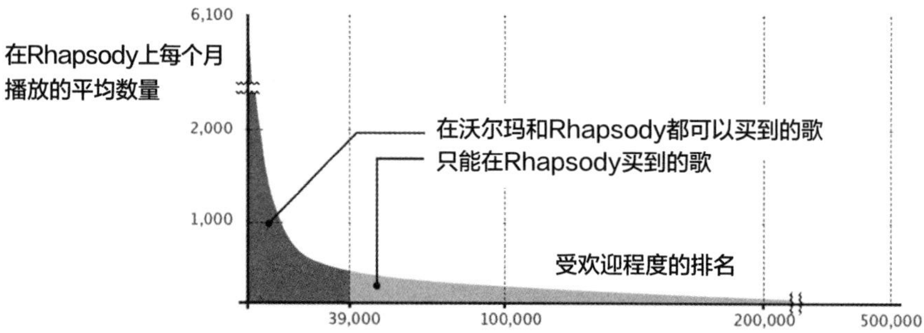

来源：克里斯·安德森

左侧是热门产品，数量不多，但每一种都很畅销。事实上，排名第一的销量是排名第十的十倍，是排名第一百的一百倍，热销产品是具有魔力的。

右边是剩下的，即长尾部分——优质的冷门产品。单看它们的销量都不高，但所有冷门产品的销量加在一起，长尾和短头的分量其实是不相上下的。

占据亚马逊销售额一半的书籍，都不在畅销书排行榜前5,000之列，注意，是一半！

流媒体上所消费的音乐有一半都不能在实体店里购买到，再次注意，不是一半的曲目，而是一半的音乐销售额！

充分发挥长尾理论的作用，亚马逊一定可以大有作为，因为所有上市的书籍都在它的经营范围内。虽然对于每位作家而言有些苦不堪言，但事实如此——日销量只有一两本是谈不上谋生的。

假设你是一个身处长尾备受冷落的音乐家，所创作的歌曲，十二首也好，二十四首也好，都不能为你带来收益。事实上，几乎所有将作品发布到开放市场的创作人都在此列。

接下来，你会看到一个展示网站流量的图片。

如果你处于圆心或者圆心靠右的位置，便不具有竞争影响力或是争取广告收入的能力，因为就算是谷歌作为搜索引擎大获其利，依然还有绝大多数被迫边缘化的企业终日如履薄冰。

那些庞大的市场，如亚马逊、网飞公司（Netflix）、苹果音乐软件iTunes等，它们的发展是建立在长尾上每一个参与者最初的梦想和希冀之上的。单打独斗，只会举步维艰；齐心协力，方能大展身手。

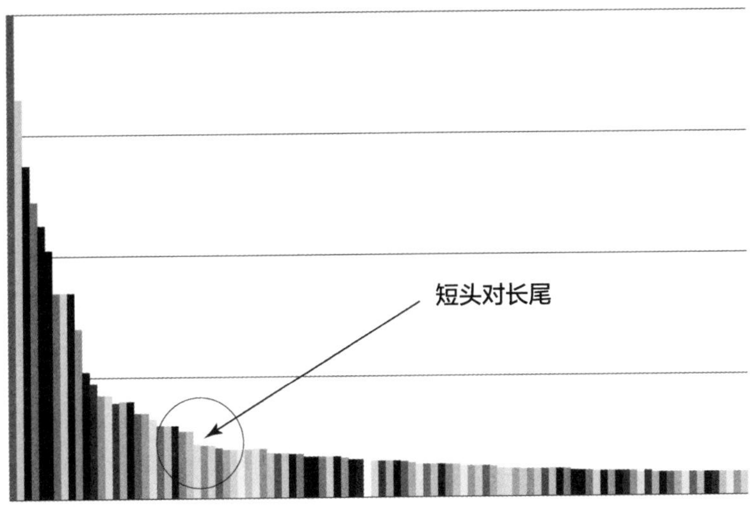

最受欢迎网站的流量

愚人节—逾越节—生日—复活节衬衫

这里有一个在长尾上求生的活生生的例子。有一天，我看到亚马逊上有一款待售的衬衫，上面印着“今天复活节，今天逾越节，今天愚人节，今天我生日”这样的字样。

显然这是一款非主流的T恤衫，很有可能得不偿失。毕竟，每365个人中只有一个人适合穿一件这样的T恤衫，也许1,000个人里面只会有一个愿意穿，我也无法确定。又或者，100个人里只有一个真的会上网搜索，那么，供应商最终极有可能只能卖出四件。

但事实却是——

继续搜索可以找到像下面这样的T恤衫：

噢，我明白了，这是长尾理论的思维模式。一些商家生产制作出成千上万种不同的衬衫，而后等待订单的到来，亚马逊的长尾和无限的货架空间使之成为可能。对于某一特殊款式的T恤衫，他们可能卖不出很多（只是几件），但所有款式的T恤衫加在一起，我们完全有理由推断，他们每个月可以销售数千件。

如果你能将长尾的一大块区域聚合在一起，就能获得成功，但你不能指望只卖某一款没有名气的T恤衫就可以挣得大钱。

互联网会这样承诺你——只要你能够在长尾之中占有一席之地，便可以心满意足。任何人都可以唱歌、写作、跳舞、创作喜剧、当教练或做自由职业者，其他人可以的，你也一样无须担忧，然而，这都是假象。

因为你不可能高枕无忧，你不能靠那生活。互联网可以，自由职业平台Upwork、Fiverr（兼职任务型网络平台，平台建立之初，每一项服务都是5美元——译者注）、网飞以及亚马逊可以，但你却不可以。

我们听说过一些不同寻常的成功人士，那些凭借YouTube平台每年收入数百万美元的孩子，或者坐拥数百万粉丝的时尚达人，但是成为极端的成功人士并不是一种策略，而是一种愿望。

有一条出路

一件产品的热销带来的不仅仅只是利润，事实上，畅销的东西之所以畅销，是因为人们喜欢畅销品。

我们喜欢做其他每一个人都在做的事情。

（每一个人指的是“每一个像我们一样的人”。）

你可能已经猜到了这个策略：把市场划分成多条曲线，而不仅仅只是一条，我们最终会得到很多的短头和长尾。

有针对青少年的小说文学市场，也有关于芯片刻制的图书市场，还有使用松下GH5数码相机制作电影视频课程市场，以及即兴表演市场。

持续音音乐的市场如此火爆喧闹，以至于观众需要戴耳罩保护听力。

在以上这些以及其他上百万个市场中，必然会出现一个短头，难免有人同属于两个不同市场，他会将里面的人群连接起来，让他们意识到彼此的存在，并能够理解什么是热门产品或服务。

因为将他们紧密联系在一起的，正是热门的产品或服务。

一旦亲眼看到了，他们很有可能就想要拥有了。

这就意味着，想在长尾上求生存，有两个元素必不可少。

1. 在特定的领域创造绝对的、非凡卓越的、具有突破性的贡献。

2. 让市场与为其量身定制的产品相连接，提醒消费者注意到你位于短头部位，其原因在于，畅销品才是吸引消费者的源头。

《洛基恐怖秀》位于短头部位，得伟锂离子无刷电锤钻头也是如此。

产品的畅销度将我们连接在了一起，而你就是像我们一样的人，这一点也是显而易见的。

没错，互联网是一种发现工具，不，你不会只是满足于被发现。

相反，你将与那些你想要服务的人之间建立联系，进而形成影响力。

弥合鸿沟

我们对是谁发现了洞穴又是谁命名了大峡谷毫无头绪，但发现这个鸿沟的人的确是杰夫·摩尔。这条鸿沟，在罗杰斯曲线中往往被忽略，但又是致命的，这条曲线呈现了思想是如何通过文化传播的。

早期采用者最先试用，他们之所以购买无非是因为产品新鲜、有趣，有点风险。

他们这样做，也是因为他们喜欢新奇有趣又能给他们带来心跳的东西。

但问题是，只有这些新潮人群的追捧并不够。大型组织的运营、群众运动的开展以及丰厚可观的利润往往有赖于大众市场，它们需要来自其他所有人的参与。

大众市场是亨氏、星巴克、捷蓝航空、美国心脏协会、亚马逊，以及成百上千个其他企业赖以生存的地方。

但要怎样才能赢取大众市场呢？

最直接的，无非是以通过早期采用者将你的想法传达给大众的方式来完成。

但情况通常并非如此。

并非如此的原因在于，大众市场需要的与早期采用者想要的有所不同。大众市场想要有用的东西，即安全的东西，模式匹配，而不是模式中断，他们严格遵守“像我们这样的人会这样做”的信条。

摩尔认为，几乎没有新品可以从一类市场自然融入到另一个市场，那是因为为了满足早期采用者，你只会令大众不满。而你在做的打破常规的创新，正是大众市场唯一不希望发生的事情。

他们不想购买刚面世的DVD，不想学习一个新的软件平台，也不想在线阅读新闻。

要了解这种格格不入的感觉，请到苹果商店的服务台花上一两个小时，你就能明白。看看谁在那里，又为什么在那里，听听他们问了什么，注意他们的面部表情。

曲线中端的那部分人群并没有急切地采用，也并不愿适应，这就是他们为什么只能处于曲线中间位置的原因。

你的桥在哪里

跨越鸿沟的桥梁在于借助网络效应。大部分营销之所以能够快速传播是因为其背后的观念，而只有当它们被所有人都了解时，才能更好地起到作用。

早期采用者都很想帮你把观念带过鸿沟，带到大众的面前，因为如果每个人也都认同了那个观念，无疑将使他们的生活变得更美好。

谈论一种你很喜欢的巧克力是没有任何意义的，如果其他人同样爱吃，也不会让你的生活变得更美好。

然而，你愿意费尽口舌地宣传色拉布（Snapchat，由斯坦福大学两位学生开发的一款“阅后即焚”的照片分享应用。利用该应用程序，用户可以拍照、录制视频、添加文字和图片，并将它们发送给自己在该应用上的好友列表——译者注）、照片墙或推特，那是因为如果你的朋友关注了你，会使你的生活有所改善。

这就是网络效应的简单棘轮力量，结盟的部落远比孤立的部落更强大。最先进入部落的人想要其他人也融入进去，所以他们那样做。

当然，这不仅仅是技术问题，尽管通常是模式中断背后的力量重塑了我们的文化。

抗议枪支暴力是我乘坐巴士去华盛顿特区的动机，如果有更多的人加入，我们不仅会产生更大的影响，而且事情本身也会更有趣。

你有足够的理由动员朋友们报名加入当地的社区支持农业（CSA，Community Supported Agriculture，该概念于20世纪70年代起源于瑞士，并在日本得到最初的发展——译者注）农场份额。农民为了某个街区为数不多的几个人来的话很不划算，但如果有很多人来，那对我们所有人来讲都会有更多的选择。

观念在不同人群间传播的方式，即通过网络效应，逐渐瓦解不情不愿的保守，体现的就是跨越鸿沟。

这座桥建立在两个简单的问题上：

1. 我会告诉我的朋友们什么？

2. 我为什么要告诉他们？

从来没有人仅仅因为你希望他们怎样做、要求他们怎样做或者你很努力促成，而告诉他们的朋友你的故事的。

告诉他们为什么，这通常需要变通，让你所能提供的东西适应他们的需要。通过创造更好的东西来让事情变得更好，这些东西会滋生网络效应、棘轮作用、共享动机。

鸿沟求生

Gartner（高德纳）炒作周期完美地分析并呈现了文化的变迁。

技术促动为即将大展拳脚、努力做出贡献的你打开了一扇大门，它会中断模式。

高德纳炒作周期

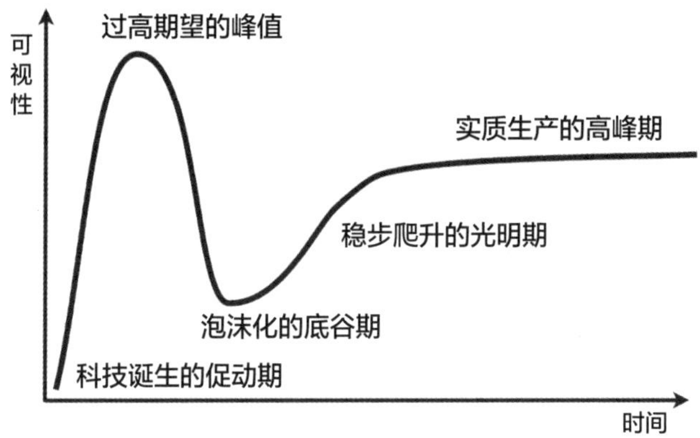

这一阶段，即科技诞生的促动期，营销会帮你赢得慕新族的关注。这些早期采用者会不可避免地对你的产品炒作一番，他们当然会这样做，因为成为早期采用者，最大的诱惑就在于此。

当这个想法进入其他市场时，它显然不可能与炒作阶段相比，因此会出现一个低谷，而这也再一次证明了摩尔的鸿沟理论。正是在这个阶段，慕新族厌倦了你，大众市场鄙视你，你极有可能失去动力。也正是此时，你需要一座桥梁，一种新的方式，通过与这个新型的保守市场的世界观相匹配的故事来跨越文化。

随后，凭着坚持不懈的毅力，你可以沿着斜坡登上新的高原，那里有你梦寐以求的大众市场，至此，旧有模式就被新模式彻底取代了。

你可能找不到这座桥

几年前，我在Squidoo的团队推出了hugdug.com。

HugDug背后的想法非常简单：你可以建立一个页面（只需四分钟），上面提供亚马逊上你所喜欢的任何产品的描述。比如，你选择了一本书，页面上会显示它的封面、标题，以及带链接的大按钮。

你也可以添加自己的评论，以及一系列相关的内容。

如果有人找到该页面并购买了这本书，亚马逊会给我们支付版税，而我们则会把版税的一半捐赠给你最爱的慈善机构（我们这么做比smile.amazon.com早了很多年，我们向慈善机构捐赠的资金已经是他们的20倍了）。

我们笃定作者会很乐意以这种方式推销自己的书，因为这会比他们的亚马逊页面更容易控制，而且他们也会为所有权的明确呈现感到自豪，更不用说还有慈善事业为其加码了。

我们也希望拼趣（Pinterest，图片版的推特，网民可以将感兴趣的图片在拼趣保存，其他网友可以关注，也可以转发图片——译者注）的粉丝代表们能够找到一个类似这样的页面，不仅因为建起来有趣又令人满意，还因为他们可以为其所关心的事业筹集资金略尽心力。

因此，我们需要投入精力去发现早期采用者以及慕新族，他们热衷尝试网络上让人眼前一亮的新鲜事物。我们保证，一旦他们看到推销是有效的，就会做得更多，这让我们收到更好的长尾效应，进而生成数以千计的网页。

口碑打出了之后，我们会吸引来更多的作者，他们会像鲸鱼捕食一样疯狂地宣传自己的书。

那些看过我们HugDug页面的人不仅会像他们在亚马逊上购买书籍那样购买我们的（毕竟，书的价格都是一样的），而且还会建立自己的网页（因为他们在精英人群中分享了自己的远见，全都为慈善事业服务，这样也会提高他们的地位）。

我们坚守了几个月，但还是以失败告终。

我认为我们失败的主要原因在于，尽管我们试着经营了（建成了成千上万个页面），却没能找到任何鲸鱼。建立网页数量达到十几个，并极力推广它们的，连六个人都不到。

紧张局面消失得太快了，人们觉得一次访问过后，完全没有理由再次光顾。长尾很长，所以HugDug页面一个月内没有售出一本书不足为奇，而且大多数人对推广页面犹豫不决，因为即使实现起来很便捷，但怂恿自己的朋友在线访问购物网站，在情感上依然是不能接受的。

我们可以从众筹网站中获取的教训是，类似众筹网站那样的成功，实现起来总是比看上去困难。我们天真地认为，四个月的努力便足以创造一夜成功。我们低估了创造足够的驱动力该是多么困难，最重要的是，我们没能创造出一种紧张的动态，让我们的早期用户摇身一变成为形象大使，在跨越鸿沟的时候，助我们一臂之力。

我们没有做足够的工作来讲述一个关于地位的故事，也没有足够具体地描述我们的第一批客户可能是谁，他们想要什么，相信什么，以及说什么。

案例分析：脸书——跨越最大的鸿沟

在我们的一生中，很少有品牌完全越过了鸿沟，最终走向大众市场。哪怕是星巴克，大多数人都很熟悉的品牌，都没能做到，喜力啤酒甚至百吉饼也同样没有做到。

但脸书做到了。

请看接下来的图表：

每一个矩形代表着每个年份用户的数量（月份中途发生了变化，但想法一样）。大约在2008年某个时候，有一批全新的用户开始使用脸书。

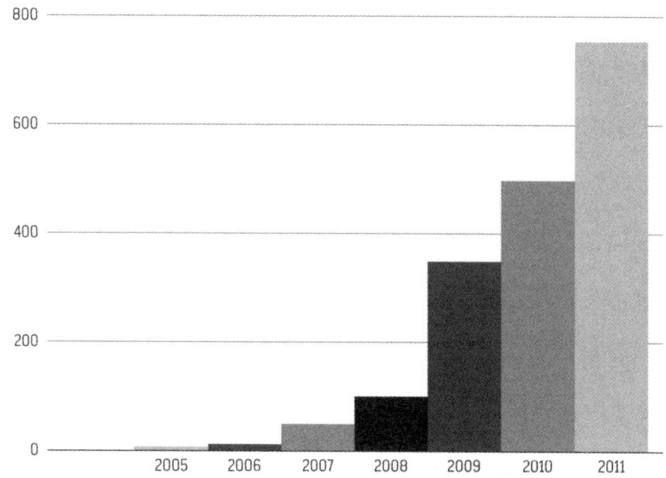

之所以发生这种飞跃是因为准入的原因，从“这很有趣”变成“这会帮我一个大忙”，而后变成了“我是地球上最后一个没有使用它的人”。

从哈佛起步是秘密的一部分，但有危机意识的哈佛学生面临着一个紧张的局面，他/她需要找出自己处于社会等级的哪一级。

随着它在常春藤联盟逐渐被接受，脸书跨越了一个又一个的鸿沟。每所学校，都会有一个人属于慕新族（因为他们喜欢尝鲜），但社会等级的存在推动着它持续蔓延。你在脸书上的朋友越多，越能够提升你的地位，已经有人（其他一些常春藤联盟的学生）在脸书上处在一个令你钦佩的地位。脸书选择在最好的环境中扎了根，周围是警惕心强、地位高的年轻人，他们有着与互联网紧密的联系，充足的业余时间，以及一种永不满足的欲望，他们期待被他人看到，与他人联系，跨越不可见的社会阶层。

一旦它在特定的人群中得到传播，就不难传播至其他大学，最终全面走向公众。

这最后一次的跨越式飞跃价值数十亿美元，地位角色再一次发挥作用。因为脸书能够让念书的学生同样拥有社会地位，能够围绕中心市场创造一个生生不息的棘轮。要么加入，要么直面心底最恐惧的事——被社会孤立。

大多数营销人员都想实现最后那个巨大的飞跃，但这不太现实。市场太大了，而且积极正面的网络效应也不是那么强大。

跨越当地的鸿沟

好消息是你不需要跨越全球的鸿沟，跨越一个当地的鸿沟便足以改变一切。

当地的小学就是一个极佳的例子。周一，一个孩子带来一只溜溜球，但那天日子不合适，带溜溜球的他也不是一个合适的孩子。

几周后，一个具有魅力和感召力的五年级学生带来她的溜溜球，并宣布她将创立溜溜球联盟，一个对所有人都开放的高级俱乐部。她很善于使用技巧，但又没那么擅长，不至于咄咄逼人。她多带了三个溜溜球，给她的朋友玩。

很快，他们四个人就在操场上遛狗和睡觉。她的选择很明智——她选择的每一个早期采用者都在自己的领域是一个领导者。一周后，操场玩溜溜球的孩子达到30个。加入的成本很低，支付起来也就爽快，融入的感觉是真实的。

一周后，似乎整个学校的学生都在玩溜溜球。

因为溜溜球是一种时尚，没有用户黏性，所以它们快速传播之后也会急剧冷却下来。当然，如果你建立了身份又坚持不懈的话，也不一定会有这样的结局。

UGG雪地靴、黑背包以及小滑板命运类似。

我们只注意到那些跨越当地鸿沟的人群了，实际上早期采用者总是在边缘地带进行试验。只有既被采用，又产生了网络效应时，才能够为跨越我们留意到的当地鸿沟创造足够的紧张局面。

当地村庄的纯净水

对于幸运的特权阶层而言，纯净的水是理所当然的，我们对其他任何形式的水一无所知。

然而，对于世界上数十亿人来说，他们接触到的是充满寄生虫的脏水，而且经常需要徒步几个小时才能取回。这水是生命必需的，但它也会使人生病。

当国际水健康组织（Water Health International，WHI）带着净水站走进一个村庄时，一些居民立即明白了其可能造成的影响。于是，他们从国际水健康组织购买了一个特殊的简便装水桶，然后每天付钱给它装满水。花在纯净水上的几分钱，会被节省的时间、提高的生产力、减少的医疗费用抵消。

然而，并非所有人都会立即购买纯净水，大多数人都不会。事实上，从玩具到电脑，几乎所有东西遵循的采用曲线都是一样的。早期采用者最先接纳它，他们可能受过足够的教育，了解纯净水有多重要，但更有可能的是他们只喜欢购买新东西。

这些早期采用者不仅渴望率先尝试，而且渴望谈论自己的经历。国际水健康组织所提倡的色彩鲜艳的水壶（这样他们就知道自己用来装水的用具是清洁的）是荣誉徽章，是一类谈资。但是，最初的阶段总是那样煎熬。

世代相传的习惯就像水对于生存那样，是一样的重要，想改变并不是一朝一夕就能做到的。

尽管如此，早期采用者仍然会不停地谈论它。纯净水不是转瞬即逝的时尚，而是日常生活的必需品。再说，水是一个人们很容易就能分享和谈论的话题。

为了进一步推动当地的转变，国际水健康组织派代表前往当地学校。他们带上显微镜投影仪，与老师合作，并让每个学生从各自的家里带来一些水样品。

他们将样品投射到墙上，显微镜会讲生动的故事，与班上8岁的孩子产生共鸣。这就是细菌的样子，这就是寄生虫的样子，不可避免地，学生们回家转述给自己的父母。

现在地位开始发挥作用。

当自己的小孩谈论起隔壁邻居有干净的水而你却没有的时候，当你看到村里受人尊敬的成员都拎着色彩鲜艳的简便装水桶的时候，当你因为没有干净的水可以提供而无法决定要不要在家里招待客人的时候。

这是一个防倒转的棘齿，但不是基于软件显而易见的网络效应，而是基于原始的网络效应，一个将小范围内人群聚集在一起的网络效应。随着村里越来越多的人都在饮用纯净水，那些被社会孤立的人也会觉得自己愚蠢。大多数人都有能力购买（因为节省时间，又不缺这点钱的缘故），但情感的转变实际上是最难的部分。

几个月之内，纯净水就越过了当地的鸿沟，从被早期采用者接纳，到最终也被村庄其他人所容许和接纳。

关于企业对企业营销

企业对企业营销（Business to Business，B2B）指的是企业与企业之间的买卖。

市场中有多种营销模式，企业对企业营销只是其中之一。

这似乎很复杂，不相干的很多东西堆砌在一起。庞大的数字、征求建议书、关注会议规格、价格战和长期销售周期，没有任何乐趣可言。

它实质上要简单多了。

以美国的低能电子衍射认证的发展为例，绿色建筑委员会有一套需要建筑物（世界上最昂贵的商品）达到的效率标准。推出之始，每天只有两座建筑物提交认证申请。

早期的采用者，有建筑师也有建筑商，他们想要新的谈资。

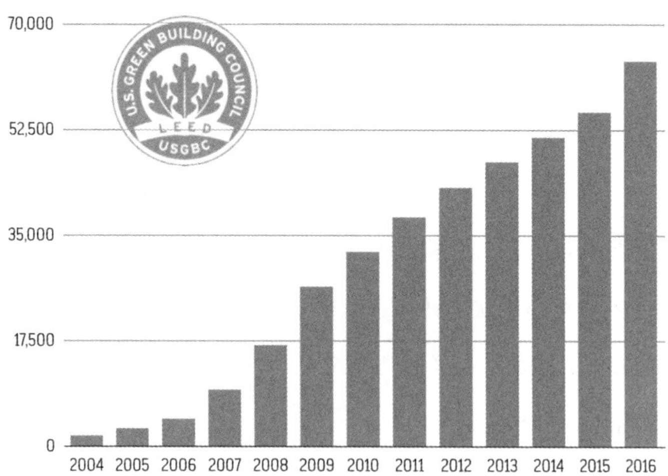

按照这个速度，至少要100年才能达到他们仅在12年之后便达到的数值。

怎么回事？就在房地产危机爆发之前，获得认证的数字在持续飙升，丝毫没有停下来的意思，为什么？

不如从房地产开发商的角度来考虑这个问题。他将斥巨资建造楼房，用作出租或转售。

如果只有少数人在租房或购房时坚持要求低能电子衍射认证，那么能够拥有其中一座建筑物就足够代表一个人的地位了。如果你在建造楼房时偷工减料，最终建筑的成品不达标，便只能忧心忡忡，满心悔恨了。

这是一场攀登顶峰的比赛。

每位开发商都有一个故事，而那个故事会导致存有私心（但最终又是积极的）的决定得到认可。

每位商业买家都会问自己的一个问题是：

“我该怎样向老板汇报？”

你可以这样来建议——“如果你选择这个的话，你可以这样告诉你的董事、投资者或老板……”

没有头脑或经历的营销人员往往会这样回答——“捡最便宜的买。”

对于其他人来说，不妨用一个我们已经讨论过的有关地位、恐惧、从属关系、归属感、管理控制、安全、承诺、见解或其他任何情绪的故事来完整地回复。

CHAPTER TWENTY

第二十章

组织和领导一个团队

大多数销售人员遇到鸿沟时会逃跑，但他可以建造一个由人际关系组成的桥梁。一旦跨越了当地的鸿沟，增加的销量绝对可以弥补投入的时间成本。

这不是你的部落

总是能听到有人谈及自己能够与一些人合作，或带领他们是自己的荣幸，但这恰恰是我要说的第一点。

这不是你的部落，你没有立场告诉成员们怎样做，或者按照自己的意愿给他们分配任务。

要是有一个团队愿意倾听你的想法，考虑你的方案，只能说那是你的幸运。

如果你足够幸运，他们会用一种他们认为能够帮助他们完成部落任务的方式来解读你的话时，你就有机会再来一次。

如果你花费了大量的精力在他们身上，他们会明确告诉你自己想要什么、需要什么。你会与他们产生共鸣，理解他们的故事，并接着为他们提供服务。

如果你这时候离开，团队很有可能依然幸存。如果你真的离开了，就该轮到他们留恋你了。

现在的力量，而不是以后的

马歇尔·甘兹是哈佛大学杰出教授，曾与凯萨·查维斯（Cesar Chavez）以及贝拉克·奥巴马共过事，他提出了三步讲故事法：我的故事、我们的故事以及现在的故事。

我的故事为你提供了一个说话的立场和平台。当你谈论自己的成长——你是怎样从曾经的你成为现在的你，你就是在对我们坦诚相待了。

这不是要夸大其辞，通过装可怜来博取虚假同情，相反，“我的故事”就是你向人们解释你是像我们一样的人。你像这样做事，你的行为带来了改变，我们可以听见、看到并且明白这个改变。

我们的故事是一个团队的核心。我们为什么一样？我们为什么要关心这些？我可以站在你的立场想事情产生共鸣吗？

我们的故事是关乎凝聚的，而不是分离。它解释了为什么我的故事是与我们息息相关的，以及当我们是团队中的一部分时，我们又将如何受益。

而**现在的故事**是一个关键的支点。它会征服你所遇到的人群，这是团队里同伴间的机会或压力，它将为我们所有人一起前进带来动力。

我和你一样，也曾绝望过，然后学到了一些东西，一路到了这里。

当然，我并不孤单。我不是独自一个人，而且我在你的痛苦里看到了自己的影子。齐心协力，我们就能把事情做得更好。

但如果我们犹豫不决，或者对其他人不管不顾，那就不会有任何作用。现在迫在眉睫的是，我们要共同努力，不拖延，不后悔，也绝不屈服我们的恐惧。

我的故事。

我们的故事。

现在的故事。

这里有一个简单的例子。“我曾经超重50磅，我的健康状况岌岌可危，人际关系更是糟糕。然后我发现了极具挑战性的花样滑冰，起初很艰难，但要感谢我在溜冰场结识的新朋友，让我找到了这项运动的乐趣所在。几个月后，我成功减掉几十磅，但更重要的是，我很满意自己的状态。”

“但对我来说，真正的意义在于自己所收获的友谊。我发现自己不仅身体状态好极了，而且和像你这样的老朋友，以及溜冰场上新交的朋友一起溜冰，让我感觉更有活力。”

“我很高兴你今天愿意来到溜冰场，我提前打了电话，他们为你预留了一些可供租赁的溜冰鞋……”

第一段中，我们听说了一位朋友的故事，他在讲述事情的来龙去脉。

到了第二段，我们听到了它如何改变这位朋友的人际关系，包括和我们这样的人打交道。

最后在第三段，有一个行动上的呼吁，也给出了一个要立即行动的理由。

操纵是团队的杀手

《反叛手册》一书中，知名的劳工组织者索尔·阿林斯基提出了可以在零和博弈政治背景下使用的13个原则，用以拦截和击败敌人：

“力量不在于你有多少，而在于让你的敌人认为你有多少。”

“永远不要让你的群众做力不能及的事。”

“只要有可能，要打敌人一个措手不及。”

“让敌人遵守自己的准则。”

“嘲笑是人类最有力的武器。”

“群众喜欢的才是好的策略。”

“拖延太久的战术只能变成一种拖累。”

“保持高压状态。”

“恐吓通常比事情本身更可怕。”

“战术的应用需要提高军事行动能力，相应地会对敌人施加持续的压力。”

“如果面对紧急战事你有破釜沉舟的魄力，它就会转危为安。”

“如果想成功，需要有建设性的替代方案作为代价。”

“选定目标，锁定它，使之人格化，并将它推向极端。”

可惜，这些方法现在经常被双方滥用，用以任何问题，却在涉及民众言论时失效。当你如此确信，你愿意将所有东西付之一炬的想法是对的时候，却发现所有人早晚都将置身于熊熊大火之中。

如果我们改变规则会怎样?

“让人们参与工作会比金钱更有效。”

“鼓励员工探索、学习，试着与不确定性融洽相处。”

“想办法帮助其他人走上正轨。”

“帮助他人制定能够帮助他们实现目标的规则。”

“你希望别人怎样对待你，你就怎样对待别人。”

“不要因为有趣而随意批评人，批评可以，但要起到教育作用，即使没什么乐趣可言。”

“即使所有人都对你的战术感到厌倦了，也不要轻易改变。当它们不再奏效了再停止使用。”

“偶尔释放一下压力是无关紧要的，当人们无法一直无视它时，会把关注点放在你和你所要寻求的改变上。”

“不要恐吓，做或者不做，如此而已。”

“建立一支有能力有耐心的团队，去完成必要的工作。”

“如果你总是一次又一次地率先想到积极应对的策略，就会为其他人提高标准。”

“与其花费很多时间为别人找问题，不如先解决自己的问题。”

“赞美你的员工，给他们自由去做更多的事，建立一个群体，并邀请所有人加入。可以与机构有分歧，但必须与人保持一致。”

所有这13条原则都能够帮助营销人员完成其营销使命，与人打交道，并帮助他们创造所寻求的改变。了解他们的世界观，以他们想要的方式说话和行动，确保符合他们的身份与需求。让人们彼此联系起来，是一场没有终点的游戏，拥有无限的可能性。

共同的兴趣、目标以及语言

一个部落不一定非要有领导者不可，但往往是拥有共同兴趣、目标和语言的人聚集到了一起。

作为营销人员，你刚好有机会将部落成员联系在一起。他们孤独，与社会脱节，害怕被无视，而你作为变革的推动者，可以让他们相互融入。

你可以有意识地创造文化产品，运用地位角色提升服装、一系列暗语，甚至秘密的握手方式。你可以成为贝琪·罗斯（Betsy Ross，美国裁缝师，也是美国独立战争期间的爱国志士，她设计并且缝制了第一面美国国旗——译者注）缝制旗帜（贝琪·罗斯这个概念本身就是一个象征）。

不要全说出来，保留一些神秘感。那些秘密的握手、复活节彩蛋以及未知的事物，留着也不错。就让承诺以及强盛的生命力赚取额外的优势，也很好，不是吗？

你可以向部落成员发起挑战，鼓励他们明确目标，并推动他们向前。当耐克承诺向“打破马拉松人类极限”（Breaking2）计划投入数百万美元，目的是打破马拉松比赛需要的两个小时时间极限，他们向部落发起挑战，吸引他们的参与。即使他们没有成功，他们（和组织起来的部落成员）仍旧是获益的。

最重要的是，整个部落正在等待你给出承诺，承担义务。

他们知道，大多数营销人员都是夜以继日的经营者，他们会一家一家地敲门，然后转移阵地。但有些人，会停下来做出保证并承担义务。作为回报，部落也会向他们做出保证并承担义务。

因为一旦你成为部落的一部分，你的成功就是他们的成功。

放任，它会褪色

你可能希望启动一个运动后，它就可以自行运转，这样你就可以放心走开了。

你期待跨过当地的鸿沟后，便可以永久地成为当地文化的一部分，然后迈向另一个挑战。

事实上，这很少发生。

世界不乏新的创意，它们都在向早期采用者招手。

他们处在徘徊的边缘，也将是第一批离开的人。

但一旦紧张局面消失，那些满足现状的人也有可能离开。他们可能已经光顾过你的餐厅，使用过你的软件，或曾沉迷于你的演讲，但原来那个他们一度离开的现状依然存在着，如果没有持续的投入，不建立新的紧张局面，他们也会一点一点流失的。

工作中存在半衰期，部落活动若是不花费心思和精力来维持，有一半都将消失。日复一日，月复一月，年复一年，也不清楚特定活动所需要投入的一半生命究竟是多少，但你可以预期的是，它会褪色。

另一种方法是再投资，鼓足勇气，与还没有离开的人好好聊一聊，而不是分心去追逐下一个目标。

最好的营销人员是农民，而不是猎人。他们种植、照料、犁地、施肥、除草，不厌其烦，就让其他人追逐华而不实的东西吧。

在镇上租个房间

金克拉（Zig Ziglar，国际知名的企业家、演说家、畅销书作家及全美公认的销售天王和最会激励人心的大师，著有多部畅销书——译者注）曾挨家挨户推销锅碗瓢盆。在20世纪60年代，这是一件了不得的事。

他的公司有三千名代表，大多数都遵循这样类似的做法。他们在车上装满了样品，之后才上路。然后，他们会去一个城镇，轻松销售，再上车，开车到下一个城镇。

正如我们所了解的那样，发现早期采用者并向他们销售商品，是一件再容易不过的事。

金克拉则采用了一个不同的策略。

他上了车，找到了一个新的城镇，然后住下来。他在一个房间内一连住了几个星期，一次又一次不停地出现在镇子上。

当然，和其他人一样，他最初也都销售给了早期采用者。

但后来人们注意到，他并没有像他们以前见过的其他销售人员那样离开，而是选择留了下来。

通过不断组织示范晚宴，他开始认识镇上的人。一个月内，他可能会与处于曲线中的一些人交往五至七次不等。

也就是说，在做一个决定之前，一定要搞清楚特定人群真正的需求是什么。

金克拉计算了一下，他了解到，大多数销售人员遇到鸿沟时会逃跑，但他可以建造一个由人际关系组成的桥梁。可能会有几天没有任何销量，但没关系，因为一旦跨越了当地的鸿沟，增加的销量绝对可以弥补投入的时间成本。

容易做的销售不一定总是重要的。

CHAPTER TWENTY-ONE

第二十一章

利用这种方法进行案例分析

你可以通过为你的营销对象服务来提高产品的质量，把他们从客户转变成学生，获得他们的准入、教导、联系权，一步一步地，一点一滴地。

“我怎么找到一个经纪人？”

这个问题其实是编剧、导演和演员一直会问的问题，每个行业都有守门员，如果你还没有拿到入门的钥匙，经纪人就是你要找的答案。

就像布赖恩·科佩尔曼曾指出的那样，经纪人也不是以一种直接的方式发挥作用的。当然了，经纪人会接你的电话，但他不会成为你全职的销售代表，不会没日没夜地打电话，不会为了把你领上行业大道而孜孜不倦。

这种方法不是出去找一个经纪人，这种方法使工作如此充满魔力，让人感到不可思议，以至于经纪人和制片人会过来找你。

你才是那个足够在意而把一切都摆在桌面上的人，那个爱上你的观众和你的技艺的人，那个做出了一些重要事情的人。

这不一定非得是一部剧情片，或者一部获得普利策奖的表演作品。事实上，在还没有经过充分打磨和完善的创作时，这种方法的效果最好。

最好的作品会在观众心里造成一种不平衡，这种不平衡只有通过传播消息和与别人一起体验才能得以抹平。这种不平衡带来的紧张不安强迫观众让更多的人知道，也就是问“你有没有看过××”，这样可以提高提问者的地位，这样拥护者就多起来了。

重要的是你在这个过程中形成的联系，每个人都有10个朋友、50个同事、100个熟人，你可以劝诱他们来看你的作品……然后会发生什么呢?

如果它是令人激动的，如果它会造成影响，如果能够造成合适的紧张不安，他们会不得不告诉其他人。

因为告诉其他人就是人类的行为，如果我们从事想法方面的工作，告诉其他人尤其是我们的工作。告诉其他人我们如何实现了改变，是缓解我们紧张不安的唯一途径。

这就是我们在书的前面讲到的最难的部分，最难的就是，确定这就是你从事某职业或活动的欲望，让你愿意出现在你想要改变的人面前。

先做这一点。

特斯拉首先瓦解其他车

当特斯拉S型车发行时，它的首要功能就是讲一个故事，对于很多豪华车的慕新族来说，这个故事会瓦解他们现有的车。

瓦解的意思是拥有这样的车不再好玩了。

不再值得炫耀了。

不再能提高他们作为聪明的有钱人的地位了，不能令他们明显比其他人都更机智、更富有。

拥有这辆豪华车的人前一天晚上睡觉的时候还非常高兴，因为车库里的这辆车光鲜崭新、应用了最先进技术，这辆车很安全、高效、有价值。

然后，他/她醒来之后发现，这个故事不再真实了。

特斯拉清楚，购买首批5万辆特斯拉车的人不一定真的需要一辆车，他们之前都拥有非常豪华的车。

所以，埃隆·马斯克（特斯拉公司首席执行官——译者注）创造了一辆车，改变了一个特定群体告诉他们自己的故事，这个故事会瓦解他们很多身份的地位，他们不再是早期采用者，不再是技术极客，不再是环境保护论者，不再是支持大胆创新的人。

一下子都变了。

现有的汽车公司一直都很难把概念转变成真正的汽车，他们会在汽车展发行概念汽车，让这些汽车看起来很正常，让创新社会化，让真实的车几年后更加不会在路上爆炸。

他们不会发行特斯拉，不是因为他们不知道怎么做（他们知道），也不是因为他们没有资源（他们也有）。福特、通用和丰田都没有发行特斯拉，是因为像他们这样的汽车公司不会冒这样的风险，而且他们的客户也有同感。

制造一辆能像特斯拉那样影响豪华车故事的汽车是很不容易的。马斯克选择代表他的粉丝将汽车定位在困难的极端：这是最快的、最安全的、同样大小里最高效的，前所未有，无与伦比。所有三个之最同时具备。

随着技术从“能做到吗”向“我们有勇气吗”的转移，越来越多的组织开启这种大胆的冒险精神。

全国步枪协会是个榜样

没有几个组织像全国步枪协会那么有争议，但是，作为目标明确的非营利的政治营销机构，再没有第二个跟他们一样的机构。

这个协会只有五百万成员，不到美国总人口的2%，却利用这些人改变了成千上万立法者的态度和关注。他们经常被大众中伤，但在影响力、收入和形象方面，他们仍然扰乱着人们的预期。

当非营利机构考虑改变人们的思想和观念，当他们以“每个人”为目标并想要做得更大时，他们可以从全国步枪协会学习关键的战略。通过只关注最少的有效受众（仅仅五百万人），全国步枪协会会很自然地说：“这不是为你准备的。”

通过激活那些成员，让他们更容易告诉他们的朋友，他们可以发挥很重要的杠杆作用。一项皮尤研究中心（Pew Research Center）的研究表明，拥有枪支的人就他们的问题与政府官员联系的可能性是非枪支所有者的两倍多。

全国步枪协会有目的地创造了“像我们一样的人”，他们与圈内人和圈外人相处得很融洽，经常会公开发表一些声明，而即便这些声明中最好的也是充满恶意想要造成分裂的。他们已经很大程度上扭曲了文化的一角，他们不是通过改变世界观实现的，而是通过拥抱那些世界观实现的。

全国步枪协会不是我心目中的“更好”，但显然这个协会能够引起他们想要去服务的人的共鸣。

这种对于一个问题坚持的、严格的方法，正是我们文化中多少已经实现的变化。

让老板同意

向世界做营销是一回事，向一个人做营销却是另一回事，比如向你的老板做营销。

你的老板很可能并不急于改变她的世界观，她想要她一直渴望的东西，她透过自身的经历而不是你的经验看待事情。她很清楚像我们一样的人是谁，是怎么想的。她想做能帮助她实现目标的东西，这些目标很可能包括地位、安全和尊重。

如果你带着你想要的东西去找她，只是关注价格、特性或者假装的急迫感，可能得不到你想要的答案。

如果你去她那里要求得到权力，而又不提出履行责任，也不太可能让你如愿以偿。

但是，如果你可以深入挖掘并看到地位角色，可以解码管理控制与从属关系，可以利用信任获得准入，上述过程就可以改变。

你可以通过为你的营销对象服务来提高产品的质量，把他们从客户转变成学生，获得他们的准入、教导、联系权，一步一步地，一点一滴地。

CHAPTER TWENTY-TWO

第二十二章

营销有效果，现在轮到你了

营销就是产生联系，而联系让我们变得更好！

关于“完美”的暴政

“完美”关上大门，它宣告我们已经完了，声称这是我们能做到的最好。

更糟糕的是，完美禁止我们进行尝试，追求完美而不能达到完美是一种失败。

关于“更好”的可能

“更好”打开大门，它向我们进行挑战，让我们看到现状，乞求我们想象如何改善它。

“更好”邀请我们进去，给我们提供一个机会，让我们代表我们的服务对象追求极大的提升。

足够好的魔力

足够好不是借口，也不是捷径，足够好会引向参与。

参与会带来信任。

信任给我们一个去看的机会（如果我们选择去看）。

看让我们能够学习。

学习让我们能够做出承诺。

承诺可能获得人们的准入。

准入正是我们实现更好所需要的东西。

把你的工作带上船，它足够好。

然后让它更好。

帮　助

当我们提供帮助的时候，我们是在表现慷慨。

当我们寻求帮助的时候，我们是在相信其他人可以看到我们，并且在意我们。

另一方面，当某人拒绝提供帮助或者寻求帮助的时候，每个人都是封闭的，处于防御状态，害怕对方。

如果没有联系，我们没有办法变得更好。

CHAPTER TWENTY-THREE

第二十三章

向最重要的人做营销

要意识到，作为一名营销人员，给合适的人教授或者售卖得更好，其价值远远超过你的要价。

营销是邪恶的吗

如果你投入时间和金钱（要有技巧），你可以讲述一个故事，它会传播开来，影响人们，改变他们的行动。营销可以让人们去买一些如果没有营销他们不会买的东西，把票投给他们从未考虑过的人，支持一个没有营销可能他们会视而不见的组织。

如果营销没有用，那我们很多人都是在浪费大量的努力（和金钱），但是，营销是有用的。

所以，这是说营销是邪恶的吗？在《时代周刊》上发表的一篇关于我博客的文章中，作者带着挖苦的口吻写道："你永远不会看到词条：营销是邪恶的吗？根据我在这个行业多年的经历，我不得不说'是的'。"

实际上，我需要修正一下这位专家所说的话。我会增加下面这个词条：营销是邪恶的吗？根据我在这个行业多年的经历，我不得不说"有一些是的"。

我认为以下行为是邪恶的：说服孩子开始吸烟、操纵选举或者政治进程、编造会造成灾难性后果的谎言。我认为可以获得有效药物的时候还出售无效的药水是邪恶的，我认为因为想多挣一点钱而想出一些新的方法让人们接受吸烟是邪恶的。

当营销说服人们去接种脊髓灰质炎疫苗或者手术前要洗手的时候，营销是美丽的。当营销卖出的产品让某人因为购买某种产品而发现更多快乐或者更具生产力的时候，营销是有力的。当营销让人们选出的那个人令社区变得更好时，营销是神奇的。自从几百年前韦奇·伍德发明营销以来，营销一直被用来提高生产力和增加财富。

我有足够的勇气告诉你，你所做的事也许是不道德的。抢劫别人的房子并将其夷为平地是不道德的，但以营销的方式来赎回它们也是不道德的吗？是的，如果营销起作用的话，如果它值得花时间和金钱的话，那么如果我认为你只是在“做你的工作”，这一点都不重要，这仍然是错误的。

就像其他所有强大的工具一样，影响来自工匠，而不是工具。营销发展的速度之快，范围之广，超越了以往所有的时代。你现在用更少的钱达到的影响力，比十年前任何人想象的都多。我希望这令你们扪心自问的一个问题是，可以借助这些影响力做什么？

对我来说，当营销人员和客户都知道在发生什么，并且都对最终结果感到满意时，营销对社会就是有用的。我不认为通过向一些人售卖化妆品让她们高兴是邪恶的，因为美丽不是目标——而是能够带来快乐的那个过程。另一方面，为了获得销售回扣而把其他人骗出家门，就是邪恶的。

仅仅因为你能够推销某件东西，并不能代表你应该这么做。你有这个能力，所以你也应该负责，不管你的老板让你做什么都是如此。

好消息是，我并不主管什么是邪恶的，什么不是邪恶的。你、你的客户以及客户的邻居才是主管。更好的消息是，合乎道德的、公共的营销最终一定会打败那种躲在阴影下的营销。

你接下来要提供什么

我们怎么处理我们头脑里的杂音？

我们去哪里获得力量才能将我们的“更好”变为现实？

为什么树立一种观点那么难？当我们向世界宣布“给，这是我做的”时，为什么会犹豫呢？如果不犹豫，我们还可以怎么做呢？

这些听起来不像是营销问题，但事实上，如果你不回答这些问题，它们就会妨碍你的营销。那些没有你有天分或者没有你慷慨的人会围着你转，因为他们是作为职业者出现的，然而，有太多可以拿出东西的人都在畏缩不前。

擅长于你所做的、擅长造一个东西与擅长营销，三者之间是有区别的。我们当然需要你的技艺，但我们更需要的是你的改变。

选择做出改变是一个飞跃，这会感觉有点冒险，充满了责任感，而且有可能不成功。

如果你把自己最好的一面和最好的工作展现给世界，而世界不接受，那么很有可能是你的营销太差劲了。

完全有可能是你对人们的感受不具有同理心。

完全有可能是你选择了错误的斧子，而且走到了边缘去。

完全有可能是你在正确的时间，却以错误的方式向错误的人讲了一个错误的故事，或者甚至连时间也是错误的。

好吧，这不关你的事。

而是关于你作为营销人员的工作。

这方面的技艺是可以提升的。

我们所做的事情——不管是外科手术、园艺还是营销——都不是关于我们的，而是我们所做的工作。

我们是人类，我们的工作不是我们。作为人类，我们可以选择做这份工作，也可以选择提升我们的工作。

如果每次有人没有点击我们的链接，每次有人没有续费，我们都觉得这是针对我们的，那就无法像专业人士那样做工作，我们会因此被卡在寻找完美的路上。没有同理心，被困在角落里流血不止，痛苦不堪，因为我们个人被中伤了。

避免出现上述情况的一种方式是要意识到，营销是一个过程和一门技艺。

仅仅因为你在转轮上做的罐子在炉子里碎了，并不意味着你不是一个好人，那只表明你的罐子碎了，或许你学习一些陶艺课程会帮助你改进，你有能力做得更好。

要意识到，作为一名营销人员，给合适的人教授或者售卖得更好，其价值远远超过你的要价。

如果你打算为慈善事业筹款，如果人们得到的价值比他们捐款的价值多，他们才会愿意捐100美元、1,000美元或者100万美元。如果你卖的小装置售价为1,000美元，购买这个小装置的人买它，是因为他们相信它的价值超过1,000美元。

当我们做营销的时候，就是给世界带来价值，这就是为什么人们愿意参与我们的活动。

如果你没有出售你想要贡献出的改变，那么你就是在偷窃。

如果你提供的价值比你的要价要多，那就是物美价廉的一份礼物。

如果你在出售自己的产品时犹豫了，那并不是因为你害羞，也并不是说你很谨慎，而是你在偷窃，因为有人需要向你学习、参与你的活动或者从你那里购买东西。

如果你能够解决你的问题将之出售，有人会从你的“更好”中受益匪浅。

有一个已经准备好要报名的学生，有一个人想要一个导游领着他/她去一个地方。如果你在带着同理心出现、倾听他们的时候犹豫了，你就是在让他们失望。

营销人员的贡献就是愿意去看和被看见。

要做到这两点，我们需要有能力每一天向自己推销，推销我们自己。如果能够慷慨小心地坚持下去，我们就是在推销自己能够带来的改变。

你已经是在给自己讲故事了，每一天都是如此。

我们或许会向自己推销说我们在奋斗，我们或许会告诉自己，我们不为人知，也应该默默无闻。我们或许会告诉自己，我们是假货、骗子和操纵者。我们或许会告诉自己，我们被人不公平地忽略了。

我们想要这些故事多么真实，这些故事就有多么真实。如果你给自己讲一个故事讲了足够多的次数，这个故事就会变成真的。

让事物变得更好，完全有可能你正在推销的东西不能满足真正的需求，也没有好的策略。如果你认为仅仅因为这个东西是你造的，你就应该坚持下去，这样想就是自私的。

放弃它吧，重新开始，做出一些让你引以为傲的东西，推销一些让你引以为豪的东西。但一旦你做到了这一点，一旦你看着他人的眼睛，他们问“你能再为我做一遍吗”，一旦你通过教授学生并帮他们前进了一步，为他们带去价值时，你就需要继续做。因为我们需要你的贡献。如果你在做贡献时遇到困难，要意识到，你的挑战是你推销给自己的一个故事。

正是我们为自己、向自己和通过自己所做的营销，我们告诉自己的故事，才可以改变一切，这才是能让你创造价值的东西，能让你离开会被人想念的东西。

我迫不及待想看看你接下来要做什么了！

营销推荐读物

（排名不分先后）

有一千本书我都希望你能读一读，但在这里我尽量挑出一些主要涉及营销的书籍，尤其是关于我们在本书中讲的营销方式的书籍供大家选读。

《跨越鸿沟》(*Crossing the Chasm*)，杰弗里·摩尔

《长尾理论：为什么商业的未来是小众市场》(*The Long Tail: Why the Future of Business Is Selling Less of More*)，克里斯·安德森

《我的广告人生》(*My Life in Advertising*) 和《科学的广告》(*Scientific Advertising*)，克劳德·霍普金斯

《奥格威谈广告》(*Ogilvy on Advertising*)，大卫·奥格威

《广告泛滥》(*Adcreep*)，马克·巴塞洛缪

《你希望自己的客户变成什么人》(*Who Do You Want Your Customers to Become?*)，迈克尔·施拉格

《C行销：如何让客户成为企业产品及服务的福音传播者》(*Creating Customer Evangelists: How Loyal Customers Become a Volunteer Salesforce*)，杰基·休芭，本·麦康奈尔

《市场营销与公关的新规则：如何利用新闻发布、博客、播客、病毒性营销与网络媒体直达销售对象》(*The New Rules of Marketing and PR: How to Use Social Media, Online Video, Mobile Applications, Blogs, News Releases, and Viral Marketing to Reach Buyers Directly*)，大卫·米尔曼·斯科特

《靠近销售的秘密》(*Secrets of Closing the Sale*)，吉格·金克拉的这本书讲的既是销售，也是营销

《定位：争夺用户心智的战争》(*Positioning: The Battle for Your Mind*)，杰克·特劳特，艾·里斯

《紫牛》(*Purple Cow: Transform Your Business by Being Remarkable*)，赛斯·高汀

《部落：一呼百应的力量》(*Tribes: We Need You to Lead Us*)，赛斯·高汀

《营销人是大骗子》(*All Marketers are Liars*)，赛斯·高汀

《释放创意病毒：停止向人们推销！通过让你的客户为你做营销让你的想法流行》(*Unleashing the Ideavirus: Stop Marketing AT People! Turn Your Ideas into Epidemics by Helping Your Customers Do the Marketing for You*)，赛斯·高汀

《具有销售力的直投文案写作》(*Direct Mail Copy That Sells*)，赫舍尔·戈登·刘易斯（他写过很多广告文案写作方面的经典著作）

《全新的品牌世界：二十一世纪实现品牌领先的八大原则》(*A New Brand World: Eight Principles for Achieving Brand Leadership in the Twenty- First Century*)，斯科特·贝德伯里，史蒂芬·芬尼契尔

《品牌崇拜：让你的客户成为真正的信徒》(*The Culting of Brands: Turn Your Customers into True Believers*)，道格拉斯·阿特金（一位被忽略的天才）

《销售梦想》(*Selling the Dream*)，盖伊·川崎（他的代表作）

《四步创业法》(*The Four Steps to the Epiphany*),史蒂夫·布兰克(一本拥有重要营销观点的有关创业的书籍)

《引爆点:如何制造流行》(*The Tipping Point: How Little Things Can Make a Big Difference*),马尔科姆·格拉德威尔

《营销:一个爱情故事:如何维护你与客户的关系》(*Marketing: A Love Story: How to Matter to Your Customers*),伯纳黛特·吉瓦

《糖浆》(*Syrup*),麦克斯·拜瑞(目前最好的营销小说)

《免费:商业的未来》(*Free: The Future of a Radical Price*),克里斯·安德森

《妙手回春:网站可用性测试及优化指南》(*Rocket Surgery Made Easy*),史蒂芬·克拉格(一本让人惊异的关于测试的书)

《创新时代的营销策略》(*The Regis Touch*),里吉斯·麦肯纳

《新经济的新规则》(*New Rules for the New Economy*),凯文·凯利

《与人交谈:成功始于了解客户》(*Talking to Humans: Success Starts with Understanding Your Customers*),基夫·康斯特布尔(这是关于与客户谈话的一篇博文的拓展)

《疯狂的时代呼唤疯狂的组织》(*The Tom Peters Seminar: Crazy Times Call for Crazy Organizations*),汤姆·彼得斯

《追求卓越个人成长版》(*The Pursuit of Wow! Every Person's Guide to Topsy- Turvy Times*),汤姆·彼得斯

《从为什么开始》(*Start with Why*),西蒙·斯涅克

《体验经济》(珍藏版)(*The Experience Economy, Updated Edition*),约瑟夫·派恩,詹姆斯·吉尔摩

《有意义的工作》(*Meaningful Work*),肖恩·阿斯基诺斯

《终极问题2.0：客户驱动的起因未来》(*The Ultimate Question 2.0: How Net Promoter Companies Thrive in a Customer-Driven World*)，佛瑞德·赖克霍德

《商业模式新生代》[*Business Model Generation (On How to Build a Business That Matches the Marketing You Want to Do)*]，亚历山大·奥斯特瓦德，伊夫·皮尼厄

《艺术之战和做工作》(*The War of Art and Do the Work*)，史蒂芬·普雷斯菲尔德（讲述了为什么做你知道会有用的工作可能很困难）

简单营销工作清单

为谁准备的？

有什么作用？

你想要接触的客户的世界观是什么？

他们害怕什么？

你要讲什么故事，是真实的吗？

你想要促使发生的改变是什么？

那会怎么改变他们的地位？

你如何接触到早期采用者和慕新族？

他们为什么要告诉他们的朋友？

他们要告诉他们的朋友什么？

能够推动这前进的网络效应在哪里？

你在建立的资产是什么？

你对此引以为豪吗？

ACKNOWLEDGMENTS
致谢

我做的一切都是借鉴，我没有任何一个完全独创的想法，那种像一道闪电一样从天而降的想法。如果我把借来的伟大想法以有趣的方式重组，或许我可以为以后的人做出一点贡献。

在本书中，我比平常借的东西更多。从迈克尔·施拉格那里借的关于改变的萌芽，从伯纳黛特·吉瓦关于故事的工作中获得启发，从汤姆·彼得斯那里借的，可以说关于一切，有一些反复出现的片段来自于我每天都发布的博客。当然了，要感谢帕姆·斯林姆、杰基·休芭、珍妮·布雷克、布赖恩·科佩尔曼、迈克尔·邦吉·史戴尼尔、亚历克斯·派克、史蒂芬·普雷斯菲尔德、肖恩·科因、艾尔·皮塔木帕里、井下·古普塔、克里·希伯特、亚历克斯·狄帕玛、大卫·米尔曼·斯科特、艾米·科佩尔蒙、尼科尔·沃尔特斯、布琳·布朗、玛丽·弗莱奥、WillieJackson.com、杰奎琳·诺沃格拉茨、约翰·伍德、斯科特·哈里森、卡特·霍克、迈克尔·特雷蒙特、凯勒·威廉姆斯、蒂姆·费里斯、派翠西·亚巴伯、哈利·芬克林斯汀、菲奥娜·麦基恩、利尔·吉格·巴列斯特罗斯、吉格·金克拉、大卫·奥格威、李文森、雪莉·桑德伯格、亚当·格兰特、苏珊·皮维尔、阿里亚·芬格、南希·卢布林、克里斯·弗拉里克、凯文·克莱、丽莎·甘斯基、罗兹·桑德尔、本·桑德尔、迈克·西弗赖、迈克·所罗门、泰瑞·托拜亚斯、蒂娜·罗斯·艾森伯格、保罗·军、杰克·特劳特、阿尔·里斯、约翰·阿克、洛汗·阿吉夫、尼基·帕帕多普洛斯、薇薇安·罗贝森、TheMarketingSeminar.com慷慨大方的学员们，以及特拉维斯·威尔森教练、弗朗索瓦丝·洪涛恩教练、斯科特·派里教练、刘易斯·凯赫教练和非凡的凯莉·伍德、玛丽·沙赫特、山姆·米勒和弗雷泽·拉罗克。还有玛雅·P. 利姆、珍·巴特尔、丽萨·迪莫纳。还要感谢亚历克斯、萨拉、里奥、佛彻·派克，以及altmba.com的校友和教练。

永远要特别感谢的是亚历克斯·高汀、莫·高汀和海伦。